ほぼ日文庫

HB-009

ほぼ日の怪談。

ほぼ日刊イトイ新聞

ほぼ日刊イトイ新聞

ほぼ日の怪談。　もくじ

本書は、ウェブサイト「ほぼ日刊イトイ新聞」のコンテンツ「ほぼ日の怪談。」に寄せられた読者投稿を、抜粋ならびに再編集して構成したものです。

連載は２００４年にはじまり、今も続いています。内容に記載されている時間や年代は投稿時のままです。

本書の各怪談のタイトルにあるろうそくの数は、編集部の主観的な「こわさ」を表しています。

――とてもこわい。

――ややこわい。

――すこしこわい。

ほぼ日の怪談。

怪 その一

友だちの別荘

2年前の夏、友だちと自分、男ふたりで、那須高原にある別の女友だちの別荘を借りました。

お風呂場から外の林が見え、日の光が残る夕方、ゆっくり湯船にでもつかろうとお湯をためながらリビングでニュースを見ていました。

お風呂場からかすかにパチャリ、パチャリと水をたたく音がしたので、溢れさせたのかも、と大急ぎでバスルームに行くと、浴槽の縁から湯船の中に、とろり、と、青緑色の手と白髪まじりの長い髪の毛が消えて行きました。

友だちはそのような現象を見たり感じたりしないので、全然気にしないと言い、私としても、初日で帰ると別荘を貸してくれた友だちに事情を話さなくてはならず、それも気の毒な気がしたので、ちょっと居てみるか、と夜を迎えました。

意外にもその夜も、翌日も、恐ろしいことはなにひとつ起きませんでした。

本腰を入れて滞在を楽しもうと友だちと一緒に買い出しに行き、買って来た食材をひとまずキッチンに置いて、私はトイレに行きました。

するど友だちが
「ダメだ、ダメだ、なし、なし」

と大声を出しながら廊下をどすどすと歩き回っている様子が聞こえました。

トイレから出ると家の中が異臭に満ちていて、なにごとかとキッチンに戻ると、買ってきた大量の食材の袋のすべてから、茶色いどろどろとしたものが滲み出ていました。

異臭は、腐りはじめた食材の匂いでした。

動揺しながらもなんとか台所を片付け、荷物をまとめて車に乗り込み、別荘を後にしました。

友だちは別荘から1時間ほど離れたドライブインでやっと見たことを話してくれました。

私がトイレに行ったあと、食材をしまおうと冷蔵庫の扉を開いたら、そこに、青黒い顔の髪の長い女の首が入っていたそうです。

半開きの濁った白目がぬるりと剥かれ、

「だって、」

と言ったそうです。

そこで彼は冷蔵庫の扉をものすごい勢いで閉め、叫びながら荷物をまとめはじめたのでした。

別荘の持ち主の女友だちには、その話をしませんでした。

理由のひとつは、彼女がその別荘を買ってまだ数年しか経っていなかったので、嫌な思いをさせたくなかったこと。

もうひとつの理由は、一緒に行った友だちが、冷蔵庫の中の首の顔は変色して年寄りのような顔だったが、よくよく思い出してみるとそれは彼女の顔だった、と言うからです。

怪　その二

いつも肩の上に

じつは私、子どもの頃から、左肩のすぐ後ろに人の気配を感じています。左肩の上に重さのない人の顔が乗ってる感覚、と言うほうが正確かもしれません。お陰で、夜道を歩く時に、何度後ろを振り返ったことか。

こうやってメールを書いていると、気配がより強く感じられます。

先日、仕事でビルの7階にある事務所を訪問した帰り、私ひとりが乗った下りエレベーターが5階で止まりました。

扉が開くと、男女ひとりずつがエレベーターを待っていて、女性はなにごともなく乗り込んで来られたんですが、男性は、私の顔を見て、次に視線をホンのわずか右、つまり私の左肩辺りを見て、「ウッ」とも「グフッ」ともつかない奇妙な声をあげたと思ったら、顔を歪めて、扉が閉まる前にエレベーターから出て行ってしまいました。

彼は、何を見たのでしょう。

思わず声が出てしまうほど不愉快なもの、一緒に居たくないほどのものとは、いったい、何なんでしょう？

怪 その三　冷笑する女性

私は母とふたり暮しです。

ある夜、自分の部屋のドアを開けたまま眠っていると、廊下を行ったり来たりする人の気配で目が覚めました。

母がわたしに用事でもあるのかと思い、ドアの方を見ると、現れたのは会ったことのない髪の長い女性でした。

起き上がろうとしても体が動かず、息苦しくなってきました。

するとさっきの女性が、寝ている私の足もとに近づき、足、膝、腰、胸と這い上がってきたのです。

何度も母を呼ぼうとしたのですが、声にならず、とうとう目と目が合いました。

私は必死で母を呼び続けました。

やっと「お母さん!!」と声になった時、その女性は

「フフフッ……、『お母さん』だって」


と低い声で笑ったのです。

私の声を聞き付けた母が慌てて入ってきたのですが、私は怖くて説明ができず、ドアのところへ移動して私たちを見てニヤニヤ笑っている女性を指差すのがせいいっぱいでした。

母には女性の姿は見えなかったそうです。

怪 その四　裏庭の近づく影

小学校高学年の時の夏休みの話です。

お盆も終わる頃、宿題をサボっていた私は母に怒られ、近所の祖父の家に妹とともに避難していました。

祖父の家は古い木造の一戸建てで、裏には駐車場がありましたが、庭には亡くなった祖母が趣味で育てていた植木が生い茂り、畑だった場所には子供の腰くらいの草が密集していました。

道路の街灯の明かりも遠く、夜は真っ暗でした。

ただ、表には飼い犬がいて、吠えられるのがいやだった私は、しょっちゅう裏口から出入りしていました。

夜9時をまわり、そろそろ母の怒りも静まっただろうと、いつものように裏口から帰ろうとしたところ、私の名前を呼ぶ低い声が庭から聞こえてくるのです。

一緒にいた妹は後ろで靴を履いています。

家族が呼んでいるのかとも思いましたが、なんだか気味が悪くなった私は開けかけた扉を閉め、節が抜けた穴から裏の庭を覗きました。

すると庭の向こうのほうからゆらゆらとした影が近づいてくるのです。

しかもやっぱり名前を呼びながら。

恐怖で声も出せずに、妹を振り返ると、顔を強ばらせて私を見ています。

もう一度穴から覗くと、車が停まっているにもかかわらず、影は、それを突っ切って進んでくるのです。

もう恐怖でどうしようもなくなった私と妹は家の中に逃げ込みました。

そして叔母たちに付き添われて、家まで帰りました。

家に着いて話を聞いた母が思い出したのですが、死んだ祖母が若い頃、夜、裏庭で男の子に遊ぼうよと声をかけられたそうです。

時間も遅かったため気味が悪くなった祖母は家に戻ったそうですが、あとで近所の人から事故で亡くなった男の子の話を聞き、その特徴が庭で会った男の子にとても似ていた、ということがあったそうです。

もう今はその家も取り壊されてしまいましたが、夏になるとそのことを思い出します。

怪 その五

4階の手すりの向こう

私が小学校4年生だった時、当時住んでいたのは、マンションの4階でした。

お昼に学校から帰って、自宅玄関前に到着する直前に鍵を出したとき、ドアと向かい合う、外に向かった手すり壁の外側から、急に「灰色の手」が一瞬出て、手すり壁をつかんだと思ったら、下に落ちていきました。

あまりの急な出来事に、「なんだ?」と固まってしまって、動けなくなった私。

しばらくして、その「灰色の手」がなんだったのか確認しようかと思いました。

手が出てきた手すり壁から下の地面の方をのぞきこむか、それともちょっと先にあるらせんの非常階段から、下を見てみるか……。

でも、なんだか怖くなって、きっとあれは鳩か何かが上から急降下してきたんだ！と無理やりに思うことにして、何もせず、鍵を開け、自宅に入りました。

それから、両親にも誰にも言えず、そのうち忘れてしまっていたのですが、大人になってから、友達とこわい話をしていた時にふと思い出して、自分の唯一の体験談として話したら、

「見に行かなくてよかったよ！

上からのぞいたりしたら、連れていかれたよ！」

と言われました。

そんなことを聞いてしまった私は、あの時、のぞかなかった自分をほめてやりたい気持ちになりました。

そしてこの話はもう二度と忘れられない思い出となってしまいました。

怪 その六

車窓から乗り出す

これは一週間ほど前に、友だちから聞いた話です。

その日友だちは、翌日の仕事のため、その近くにとったホテルへ向かって、夜、車を走らせていました。

片側一車線の道で、前を自動車が一台、走っていたそうです。

その車は急にスピードが遅くなったり早くなったり、少し対向車線に入ったりするので、危なくて、追い越そうかと思ったけど、片側一車線のため、なかなか追い越せなかったそうです。

そうしているうちに、後ろの座席の左窓から、小学校4、5年生くらいの男の子が、体半分窓から乗り出し、出たり引っ込んだりして、遊び出したそうです。

車のスピードは普通に出ているし、道路横の家の塀や植木に当たりそうだしで、友だちは、事故になるのではとヒヤヒヤしていました。

なぜ親は怒らないのかと、腹が立ってきたそうです。

それから男の子は後ろの右側の窓からも体を乗り出し、友だちは危ないからと距離をおいて走っていたそうです。

そして信号で前の車が停まり、友だちの車もその後ろに停まりました。

するとゆっくり前の車が右折専用車道に移動したので、友だちは前に詰めて、その車と並ぶ形になったそうです。

どんな非常識な家族が乗ってるのかと怒り半分で外灯に照らされた車の中をのぞくと、後部座席に人はおらず、おじいさんがひとり、運転していたそうです。

怪 その七　笑う赤ちゃん

大学4年生の夏、地元の友だちと久しぶりにカラオケに行った夜でした。

飲み放題のお酒と流行の歌に盛り上がっていたところ、携帯が鳴り出したので、

そっと廊下に出ると、

「明日帰ってくるの――？」

別の友達からの誘いの電話でした。

久しぶりの声に、夢中になって話していると、目の前の部屋のガラス戸に2歳くらいの子どもがいるのに気づきました。

満面の笑顔で手を振る赤ちゃん。

電話に気をとられながらもどこか不自然さを感じた瞬間、足元からザワッと全身の毛が逆立ちました。

よくよく考えてみると時間は深夜の1時過ぎ、それも目の前の部屋には、ほかに誰もいないのです。

怖くて声も出せないまま慌てて部屋に逃げ帰りました。

友達に確認してもらっても、やはりその部屋は空き部屋でした。

あの子の顔は忘れられません。

怪 その八

「じりりりりりりり」

小学校2年生のときのことです。

家の建て替えをするために私と、父母と、祖母との4人ですこし郊外のアパートを借りて1年間だけ住んでいました。

夏の深夜、電話のベルの音で目が覚めました。

当時の黒電話はベルの音がたいへん大きく、留守番機能もついていなければ消音の機能などもありませんから、どんなにぐっすり眠っていてもひとたび鳴れば、かならず起こされたものです。

なのに、そのベルの音に気づいたのは私だけでした。

最初、目覚まし時計が鳴っているのかと思いました。

でも目をあけても真っ暗です。

電話が鳴っている。でも、なにかおかしい。

なぜその音がおかしいのかと気づいたとたん、恐怖で身動きができなくなりました。

人の声なのです。

「じりりりりりり　じりりりりりりり」

無機質だけれど、正確に繰り返される音はどう聞いても、昼間、友達からかかってくる電話のベルの音とはちがいました。

人の声なのです。

それも、かなり大きく、電話のある玄関のほうから聞こえてきます。

「じりりりりりり　じりりりりりりり」

「電話、おかあさん、おかあさん」

私はとなりに寝ている母を起こしましたが、母は、なにも聞こえない、きっと寝ぼけているんだねと言いました。

私は怖くて泣きましたが、母は、また眠ってしまいました。

「じりりりりりり　じりりりりりりり

じりりりりりりり　じりりりりりりり　じりりりりりりり」

私は暑いけれどタオルケットをかぶり、耳を押さえてうずくまりました。

そのうち、その音は聞こえなくなり、いつものように朝が来ました。

あとにもさきにも、私の恐怖体験はそれ一度きりです。

誰かが死んだ時刻だったとか、いやだけれどそういう納得のいく理由がまったくないままに、このことは、私の見た悪夢だったと片づけられました。

怪 その九

「好きだったんだよ」

私が中学生だった時の話です。

中学二年生の時に同級生だった男の子が入院し、結局そのまま卒業まで、学校に来ることはありませんでした。

一年以上が過ぎ、卒業式を迎えたその当日、校歌斉唱の頃、その男の子はこの世を去ったそうです。

春休みに入り、二年生の時に机を並べたクラスメイトということで、お葬式に参列しました。

みんなそれぞれに、進む高校の真新しい制服を着て。

お焼香が済み、帰ろうとして祭壇に背を向けた瞬間、私は、誰かに足首を強くつかまれ引っぱられました。

足もとには、何もありません。

驚いて振り返ると、祭壇の写真と目が合いました。


その後すぐに、その男の子の親友が私に一言、言いました。

「あいつ、お前の事好きだったんだよ」

幼い私はそんな気持ちにはまるで気づいていませんでした。

最後に伝えたかったのでしょうか、それとも一緒に連れて行きたかったのでしょうか。

怪　その十

部室の窓いっぱいに

私が中学生で、放課後に部活のメンバーと遊んでいたときのことです。美術部だったのですが、顧問の先生も用事があって不在で、作業を終えて、仲良しの子たちと楽しくおしゃべりしていました。

すると直前まで大盛りあがりではしゃいでいたその中のひとりが、突然、口もとを手で押さえて、窓を見て固まってしまいました。

みんなものすごくびっくりしてどうしたか聞いてみると、

「窓いっぱいに灰色の人が張りついていた」

と言うのです。

すぐに消えてしまったそうですが、美術室は4階にあり、ベランダは他の教室とは繋がっていません。

それからその子は、

「あの人は、私たちがすごく楽しそうにしているのをただ羨ましく思ったみたい」

と言っていました。

嘘でそういうことを言う子ではないとみんながわかっていたので、とにかくびっくりしました。

でもそれきり、部室の窓に何かがいるということはありませんでした。

怪 その十一 ピンクの小さなノート

だいぶ前、家族と車で近くの山に行きました。

休みによく行く山で、ふもとには赤い車が捨ててあり、あふれる程のごみに埋もれています。

「すごい量のごみだなぁ」

父が声を上げたのをきっかけに、私たち姉弟はいつもは気にもとめないごみを検分しだしました。

大きなクマのぬいぐるみ、少女マンガ雑誌、汚れた毛布……雑多な品の中に、ピンク色の小さな大学ノートがありました。

なんとなく手にとって眺めてみると、1ページ目には若い夫婦と赤ちゃんの写真が貼ってありました。

次のページからは、家計簿のような使い方がされていて、

『食費　一ヶ月　3，000円』

の文字。

4ページ目あたりから真っ白になっていましたが、最後のページには、お母さんのものらしき文章がありました。

『結婚して○年。
○○ちゃんも六才になって………
………○○ちゃんも六才になって
………○○ちゃんも六才に………』
なぜか、何度も書いては線で消されている、『六才』の文字。

異常なほど少ない食費。
不気味になって、父にノートを渡しました。
父はしばらくノートを見た後、「捨てろ」と言いました。
もう長いこと、あの山には行っていません。
写真の家族は、今どうしているのでしょうか。

怪 その十二 本の匂いを嗅ぐ

友人の話です。
その子と私は「本の匂いを嗅ぐ」というちょっと変な共通の癖を持っています。
紙に染み込んだいろんなインクの匂いが、なんだか心地よいのです。

その日も、友人はページを開いた本に顔を寄せてインクの匂いを吸い込みました。

その本は、どうやら昭和の時代に刷られたものらしく、すこしすえた匂いがしたそうです。

それだけならまだいいのですが、なんだか生臭いような鉄のような匂いも微かに感じ、「おかしいな」と本から顔を上げた瞬間、
両目から血を流した男のひとの顔が彼女の眼前に迫っていました。

「たのしいか？　たのしいのか？」

というしわがれた男の人の声が今でも耳にこびりついて離れないと言います。

そのひとが消えるまでの数秒とも数分ともいえない時間、彼女は生きた心地がしなかったそうです。

そのすぐあとに、彼女はその本を古新聞などと一緒に廃棄処分しました。

ただ、不思議なのが、その本がいったい誰のものだったのか今でもわからないということなのです。

家族に聞いても、誰も知らないと首をかしげていたそうです。

怪 その十三 階段を上がってくる

これは8年ほど前、中学生の頃、友人から聞いた話です。

夏休み中のある夜、友人は二階にある自分の部屋で、ヘッドホンで音楽を聴きながら勉強をしていました。

友人の部屋は弟と共同で使っており、弟はその時、横でぐっすり眠っていたそうです。

ある曲が流れているとき、友人は異変に気づきました。

曲中にあるはずの無い若い女の笑い声が、聞こえてきたのです。

ケタケタと、底抜けに明るいその笑い声を不気味に思い、友人は停止ボタンを押しました。

しかし、停止ボタンはなぜか効かず、笑い声は流れ続け、友人は最終手段、とばかりにコンポの電源を抜きました。

しかし、それでも笑い声は止まりませんでした。

コレはまずいと思った友人はヘッドホンを投げ、布団にもぐりこみました。

すると、
ギシッ……ギシッ……

と、誰かがゆっくりと階段をのぼってくる音が聞こえ始めたのです。

ギシッ……ギシッ……

その時のことを、友人は僕に恥ずかしそうに、

「あのな、人間本当に怖い時って、気ぃ失ってしまうんだよ」

と言いました。

二階まで迫ってくるあまりの恐怖に、友人は気を失ってしまったらしいのです。

しかし、友人の話はここで終わらなかったのです。

友人は我が家で起きた不気味な体験を、家族にも話せずに夏休みを過ごしていたそうです。

しばらく経ったある日、夕方、クラブを終え帰宅した友人は、家に入った瞬間に、弟のけたたましい叫び声を聞きました。

あわてて二階にあがり、部屋の中を見ると弟がガタガタ震えていたそうです。

どうしたのかと話を聞くと、弟は二階のドアを指差し、

「女の人が覗いてた……」

と。

床と平行に、階段から頭だけ出して覗いていたそうです。

怪 その十四　これから結婚式だから

私が体験した、すこし悲しくて不思議な出来事です。

自動車免許を取って間もない大学生だったある晩、奇妙な夢を見たのです。

小学生の頃、近所にSさんという女性が住んでいました。

Sさんは旦那さんと二人暮らしで、子供がいないこともあり、私をほんとうにかわいがってくれました。

しかしほどなくして私は、父の転勤で引っ越すこととなり、Sさんとは年賀状のやり取りをする程度の間柄になったのです。

私が中学生に上がるころ、Sさんが肺がんを患い、入院して半年も経たないうちに帰らぬ人となりました。

まだ、30代半ばという若さで。

それまで思い出すことはあっても、夢に出てくることは、その時まで一度もありませんでした。

私は夢の中で買ったばかりの車を運転していました。

するとSさんが道端に佇み、笑顔いっぱいに手を振っているのです。

驚いたことにSさんはウェディングドレスを身にまとっていて、私に向かってこう話しかけてきたのです。

「○○ちゃん、これから結婚式だから、会場まで車で送ってちょうだい」

そのSさんの表情はほんとうに嬉しそうでした。

夢の内容はだいたいそのような感じでしたが、内容が内容なだけに、翌日、Sさんと仲の良かった母親にもその夢のことを伝えました。

母は「何か不思議な話ね」というだけで、とくに関心もなさそうでした。

私が不思議な夢を見た日からほどなくして、その手紙が我が家に届くまでは。

手紙は死別したSさんの旦那さまからで、Sさんが亡くなって15年となるのを区切りとして、再婚することのご報告が記してありました。

怪 その十五 保健室のソファー

わたしが高校2年生か3年生の時でした。

眠い時は保健室に行っていました。

「お腹が痛いんですけどー」と言うと、「じゃあそのソファーで寝てて」と保健室の先生に言われ、みんな、いつも同じソファーに寝かされていました。

あたりまえですが、ほんとうに具合が悪そうな時しかベッドでは寝かせてもらえなかったのです。

ある日わたしがそのソファーで寝ていると、金縛りが襲ってきました。

すると、突然大きなラジオの音が聞こえてきました。

その音はとても荒くて、聞きづらく、うるさいものでした。

息が苦しくなりつつ、そのラジオをよく聞いてみると、

「我が、日本軍は〜〜〜」

というように、内容が、テレビで見たことがあるような、戦争をにおわすようなものなのです。

え！

そう思った途端。

たくさんの足音がわたしの前を行ったり来たりしはじめました。

ええ！

さらには足音とともに、幼稚園生くらいの子どもたちの声。

ワーキャー言いながら、わたしの前をバタバタと走り回っています。

うるさい！

起きたい。

起きたいのに、起きられない。

すると、一人の足音が、わたしの目の前でピタリと止まりました。

そこでガバッ！　と、やっと起きることができました。

目の前には誰もいないし、ラジオもかかっておらず、静かな保健室にわたしと先生の二人きりでした。

「先生、さっき幼稚園の子どもたち、ここに来たんですか？

すっごいバタバタうるさかったけど」

「え？　来てないわよ。誰も。

ずっとわたし一人だったのよ」

「……じゃあ、ラジオは？？」

「つけてないけど。どうしたの？？」

「い、いや、なんでも……」

そのことを教室に戻ってから友人に話すと、友人は、つい先日そのソファーで、馬の走る音や、鎧の音などを聞いたそうです。

それはまるで戦国時代の戦のような音だったそうです。

怪 その十六

沖縄への修学旅行

私の通った高校では修学旅行先は毎年沖縄です。

2年生のときに、恒例の沖縄へ行きました。

しかし台風の直撃にあい、ホテルに缶詰になる日々が続きました。

ただ「ひめゆり学徒隊の洞窟見学」の日だけは不思議と快晴になったので、現地に向かいました。

狭い洞窟の通路や階段、はしごを下り洞窟の奥へ。

ヌメヌメして暗くて歩きにくい暗闇が続きましたが、ようやく奥に到着しました。

そこは広々とした空間で、ひとりの口伝の老人が蝋燭を片手に生徒を周りに集め、語り始めました。

そこでの歴史を、傷ついた兵士たちを癒し介抱した女学生達の話を。

ここで数え切れない人々の命が散った話を。

そして、最後に

「黙祷のため、懐中電灯を消してください。私も蝋燭を消します」と。

うすく光はあるものの、真っ暗闇のなか、ひとりが泣きはじめました。

知ってる声ではありませんでした。

はっきりとは見えませんが、明らかに知らない女の子が、私たちと同じように膝を抱えて座っていました。

顔はうつ伏せで、号泣していました。

洋服も私たちの制服ではありません。

「懐中電灯をつけてください」

先生の声で一斉に、みなが声のする方を照らしました。

そこは、慰霊のための小さな塔があり、女の子の座っていた位置には千羽鶴がありました。

あまりの不自然さにみなが硬直してましたが、不思議と怖くはなく、なんだか一緒にいたい気分になったと、その場にいた子は私を含め思ったのです。

あまりに騒ぐ私たちのせいか、翌年から修学旅行先は北海道へ変更になったということです。

でも、あの空間を体験した私たちは、たまにこの話をして思い出します。

あの戦火の時、がんばった人たちがいたから、今の私らがいるんだよね。と。

そう思うと、不思議な出来事は恐怖というより、なにかあたたかな、切ない記憶と変わるのです。

怪 その十七　闇の中で光る眼

ある夏の夜のことです。

実家に里帰りしていた私と妹は、ひとり暮らしでついた夜更かしの習慣が抜けず、「疲れたら眠れるだろう」とコンビニへ行きがてら、近くの公園を散歩することにしました。

深夜1時。

田舎なので街灯も少なく、車も通らず、人の気配がほとんどありません。

その公園の隣には病院がありますが、4年ほど前に数百メートル先に新しい病院ができてから、その病院は使われていませんでした。

コンビニで雑誌や飲みものを買って、公園を大きく回りながら帰ることにしました。

古い病院の職員用駐車場に通りかかったときです。

少し後ろを歩いていた妹が、小さく
「あっ」

と言って立ち止まりました。

どうかしたのかと思って振り返ると、立ち止まって病院の2階の窓をじっと見ています。

小さい街灯に照らされた妹の顔が青白く、見上げている妹の眼がぬらぬらと光っているのを見て寒気がし、「早く帰ろう」と手を引っ張りました。

早足で歩きながら、妹は、「白い影がいた」「こっちを見て笑った」などと話します。

もう街灯からは離れたのに、暗い中、妹の眼はさっきより気味悪く光っていました。

結局その日はふたりとも、朝まで眠れませんでした。

怪 その十八

いま、ベッドのとなり

私の祖母の体験をお話しします。

もう、十年近く前の話になります。

祖母は白内障のため入院し、手術を終え、あとは経過をみて退院を待つばかりの状態でした。

両目とも眼帯をあてていました。

視覚以外の感覚で生活すると、短期間でも、感覚が冴えてしまうそうです。

ある日、周りの入院患者も寝静まり、眼帯をしていても闇とわかる夜。

「キイ」

と静かに病室のドアが開き、誰かが入ってきました。

それは静かに、けれど確実に、祖母のベッドへ近づいてきます。

そしてある瞬間、気づきます。

今、となりにいる。

カーテンを開ける音も、そのほかの音もなく、存在の確かさだけがある。

その時の強烈な悪寒を、祖母は今でも覚えているそうです。

ベッドが揺れ、きしむ。

純粋な悪意。

恐怖と混乱の中、祖母は彼、あるいは彼女の哀しさ。

不条理さが伝わってきたといいます。

彼あるいは彼女は、毎夜祖母のもとへ通い続けました。

他の入院患者から教えてもらったお経を唱えると、すーっという音そのままに、ベッドの揺れはおさまったそうです。

祖母の話す震えた声が印象的だったからでしょうか、私は今でも、ベッドで眠れない夜に、その話を思い出してしまうのです。

怪 その十九

手が生えてきた

かれこれ40年近く前のことです。

当時、私はまだ3歳くらいだったと記憶しています。

私たち家族は、木造で和室の小さなアパートに住んでいました。

ある晩、夜も更けたので、さて寝ましょうかということになり、両親がちゃぶ台を片付け、部屋の照明をオレンジ色の小さな明かりだけにしました。

私は、忙しそうに布団を敷く両親の姿をぼんやりながめながら、ふと目の前にある、畳と畳の隙間に目をやりました。

すると。

おかあさんが水仕事のときにはめるピンクのゴム手袋そっくりな「手」が、畳と畳の隙間から、にょっきり「生えて」きました。

びっくりしながら眺めていると、その「手」は、畳の上を、まるで高い棚の上を手探りするような手つきで、パタパタと、動き回っています。

不思議に思いながら、何かしないと悪いかな？　と、なぜか考えた幼い私は、ためらいなく、その「手」に自分の手を伸ばしました。

すると、まるで私のしぐさが見えているかのように、その「手」が私の手のほうににゅうっと伸びてきて、私の手を（大きな手だったので、正確には、手と手首を）きゅっと握ったかと思うと、まるで、テーマパークのぬいぐるみがするかのように、「握手」をしながら数回、大きく手を振り回しました。

あっけにとられる幼い私。

それを知ってか知らずか、次の瞬間、「手」は、私の手をぱっと離すと、しゅっと、畳と畳の隙間に消えていきました。

不思議と「怖い」という感覚はなく、「手」が畳の隙間から生えてきたのがただただ不思議で、すぐそばで布団を敷いていた両親にそのことを話しましたが、

「なに寝ぼけてるの、早く寝なさい！」

と、ひとことで片付けられてしまいました。

あれは、なんだったんでしょう……？

怪　その二十
知らない友人

半年ほど前、見知らぬアドレスからメールが来ました。

何の変哲もない「アドレス変えました」のお知らせメールです。

私は何も考えず差出人を確かめました。

知らない女性の名です。

おかしいな、と思いました。

私のアドレスは迷惑メール防止のため、間違えようのないほど長い言葉で登録しており、知っているのは会社や友人、身内のみ。

ならこの女性（仮にAさんとします）は知り合いなのでしょう。

私は携帯の電話帳でAさんの名を検索しました。

出てきました。

なんてことはない、薄情なことに私はただAさんの名を忘れていただけ。

変更了承のメールを返信し、Aさんのことを思い出そうと考えをめぐらせました。

何も出てきません。

いつ出会ったのか、どのような関係か、顔すら思い出せないのです。

ぼんやりとしていると、また携帯が鳴りました。

Aさんからの返信メールでした。

先ほどのアドレス変更時のメールにも感じたことですが、わりと親しそうな内容でした。

しかし、私は相手を思い出せません。

そこで私はAさんに「ご無沙汰してます」という内容のメールを送りました。

Aさんがそこで何かのリアクションをしてくれたら、思い出すきっかけになるかもしれないと思って。

しかしAさんから返ってきた返事は「一か月ほど前に会った」でした。

手帳を取り出しページをめくります。

たいていのことは書いてあるはずの手帳にもなにもない。

携帯の受信メールをチェックしても同じ。

私は再度Aさんにメールを送りました。

「他のみなさんと連絡取ってますか？」

ふたりきりで会った記憶がないのですから、
それはきっと大勢の中に紛れてしまったのかもしれない。

卑怯ながらも私はAさんに
「〇〇さんたちにも会ってない（または会った）」

と、第三者の名前を引き出させたかったのです。

そうすれば、思い出せる。

この薄ら寒いような感覚から抜け出せる。

そう思ったのに、返ってきた返事に言葉を失いました。

「他のみなさん？」


じつは先日、Aさんに会ってきました。

あれから時折交わすメールの内容から判断すると、私と彼女は趣味で親しくしている友人らしいのです。

でも、私は彼女の顔も、いっさい記憶していませんでした。
趣味の話、それにまつわる人間関係。
話す内容に齟齬はないのに、私から彼女の存在だけが抜け落ちているのです。
私が記憶してないだけですか？
それとも……彼女はほんとうに私の友人なのでしょうか？
私はまだ怖くて、ほかの友人に確認が取れないでいるのです。

yuko higuchi

怪 その二十一 通り過ぎる人魂

もう10年以上前になりますが、私はその夜、東京から四国に帰省するため高速バスに乗っていました。

座席は最前列か2列目の右の通路側でした。

夜中にふと目を覚ますと、前方の運転席と客席を仕切っているカーテンから、白っぽい丸いものが次々と入ってきました。

人魂！　と瞬時に思いました。

というのも、それぞれが人間の顔をしていたからです。

真ん丸い玉に、リアルに目と鼻と口がある。

そのうちの「おじさん顔」の人魂が私の顔の間近まできて、ニカッとものすごい笑いを浮かべました。

ひいい！　と慄きましたが、おじさん（？）に悪意はなかったようで、すぐに他の人魂の群れとともに通り過ぎました。

はっと後ろを振り向くと、人魂の数は10〜20ぐらいでしょうか、ふわふわとバスの通路をただよいながら、バスを通り抜けていきました。

バスの中は薄闇で、乗客は寝静まっています。

もう心臓はバクバク、今のは何だったんだ、何だったんだ、としばらく興奮状態でした。

夢だったのでしょうか。

もし夢でなければ、今日もどこかで人魂の群れが飛んでいるのかも知れません。

怪 その二十二 大きな人の足

姉の友人、A子さんの話です。

高校生だったA子さんは、修学旅行で、ある県の旅館に泊まりました。

A子さんは大浴場の清掃係を任されていたので、他の生徒のお風呂の時間が終わった後、浴場の後片付けをしなければなりませんでした。

そのため、一番最後に浴場を出た彼女は、ひとりで脱衣所で髪にドライヤーをあてていました。

鏡の前でドライヤーを使っている最中に、ふと足もとが気になって視線を落としたA子さん。

その瞬間、体が動かなくなってしまいました。

あまりに突然だったので、頭の中はほとんどパニックに。

下を向いた金縛りのまま数分が過ぎ、ドライヤーの音だけが響いていたのですが、

「ぴたり」

という音が聞こえました。

A子さんはすぐに、「誰かがいる」と直感しました。

というのも、視界には入らないけれど、自分の左側のちょっと離れたところに、大きな人が立っている気配がしたからでした。

「ぴたり　ぴたり　ぴたり　ぴたり　ぴたり」

足音を立て、大きな人がすぐ隣に来ます。

怖くなったA子さんは、しかし、勇気を出して視線を前の鏡にむけました。

でも、自分の隣には誰も映っていません。

そして視線をもう一度、自分の足元に戻しました。

そのとき、彼女は見てしまったのです。

人間の足首から下だけが、一組。

自分の足のすぐ前を歩いていくのを。

平均より大き目のサイズの足が、ゆっくりと

「ぴたり　ぴたり　ぴたり　ぴたり　ぴたり……」

怪 その二十三

踏切の向かいの部屋

私が学生時代に住んでいた町は、心霊現象の多いことで有名でした。

当時私は踏切のすぐ脇のマンションに住んでいました。

学校から近いこともあり、いつも友だちの溜まり場となっていたのですが、その日はたまたま私ひとり。

冬の寒い夜の出来事でした。


その日、深夜にめずらしく目が覚めました。

私はめったなことでは目を覚まさず、朝までグッスリというタイプです。

壁の時計を見ると2時。

窓の外で深夜の工事車両が静かに通り過ぎる音を聞きました。

「水でも飲みに行こうかな?」と思ったその時、身体の一部に、何か違和感を覚えました。

両足をそろえた足首の上に、何かが乗っています。

少し寝ぼけていた私は「ああ、実家の犬だ…」と思い、はっと我に返りました。

そう、ここは東京です。

実家の犬がいるわけはありません。

寒い日でしたので、毛布と掛け布団をかけていて、足もとは見えません。

しかし、ハッキリと視線を感じるのです。

そこにいる何かが、私を見つめています。

ただ見つめているだけではないのです。

その視線から、言葉に言い表せない憎悪の念が伝わってくるのです。

それは、動く気配はありません。

ただ、足首をちょっとでも動かすと、それに合わせて傾くのがわかるのです。

私は思い切って、身体を少しだけ起こして、そうっと足もとを見たのです。

すこしずつ、すこしずつ見えてきたもの。

そこには、男の人の頭がありました。

私の足に乗っていたのは、生首だったんです。

額のあたりまで見えた時、これ以上はダメだ！

目線を合わせてはダメだ！　と思いました。

そのまま頭を下げ、手を組んで神様に「助けてください」とひたすら祈りました。

全身、ビッショリ冷や汗をかいていました。

「もしかしたら、このまま殺されるかもしれない」と大袈裟でなく思いました。

それまでに何度か幽霊を目撃したこともありましたが、こんなにも恐ろしい念のようなものは、感じたことがなかったのです。

ひたすら、ひたすら祈りながら、私はいつしか眠りに落ちていました。

翌日、いつもの時間に目覚めた時、それはいなくなっていました。

「夢だったのかな？」と思いつつ、シャワーを浴びにいき、ふと目線を下げると、私の両足首の上には、まるで絵の具で塗ったかのような、はっきりとした青アザが残っていたのです。

その数日後、近所のアルバイト先で知ることとなるのですが、私が住んでいるマンションの目の前の踏切は、自殺の名所として有名なところだったのです。

しかも昔、踏切を挟んだ向かいのマンションから男性が飛び込み、上り電車にはねられ、そのまま下り電車に轢かれるという事件があったとのことです。

遺体は無残な状態で、首が切断されていたと……。

その人が、何かを訴えたくて私のもとを訪れたのでしょうか？

怪 その二十四　山を撮った写真

小さい頃、家がお寺さんの友だちがいました。

お堂や境内は子どもにとって恰好の遊び場で、お父さんであるお坊さんも大目に見てくれていました。

その日、いつもきれいに片付いているお堂の奥に、何か紙のようなものが落ちているのに気付きました。

近づいてみると、写真のようでした。

他意もなく拾いあげて表を返すのと、「それを見ちゃいかん!」という声がするのと、ほぼ同時だったような気がします。

それは本来、山を撮った写真でした。

青空を背景に、くっきりとそびえる山。

それだけなら普通の風景写真だったのですが、普通でなかったのは、青空の部分に、無数の半透明の顔が写りこんでいることでした。

余白がないほどに、ぎっしりと。

おさげの女学生のような顔、老人の顔、侍のような顔。

大小無数の顔の、洞のような目が、一斉にこちらを見たような気がして、私は思わず悲鳴をあげました。

後でお坊さんに聞いたのですが、こういった写真が時々お寺に持ち込まれるので、少し前にまとめて供養し、燃やしたそうです。

ところが、燃やしたはずの写真の1枚が、お堂に落ちていて、それがその写真だったそうです。

あの無数の顔、それに、不思議なくらい美しかった空の青を、今も時々思い出します。

怪 その二十五　首の痛み

もう20年ぐらい前、夏の盛りに、父が庭の木を植え替えておりました。

中学生の私は、昼時なので、近くのお店に素麺を買いに出たところ、途中で急に首の付け根が痛くなり、走って帰ってきてその旨を両親に伝えました。

父が「それ俺のせいだ」と言いました。

聞くと、庭木のあたりは昔いた飼い猫（タマ、雄猫）の亡骸を埋めた場所で、植え替え中にスコップで骨らしきものを父がつついた、とのことでした。

その時刻が、私の首の痛んだのと同時刻なのです。

さっそく祖母が仏壇で御経を唱え、数珠で私の首をさすってくれました。

ほどなくして痛みはおさまりました。

自分としては、「怪談」というより、とても可愛がっていた飼い猫のタマが、その苦しさを自分だけに訴えてくれたことに、30年経った今でもとても強い愛情を感じています。

怪 その二十六 写真の中の私

私が高校生のときの話です。

部活の夏合宿の最後の夜、部員みんなで花火をしていました。

花火をしていた場所からすぐ坂を下ると、川が流れています。

そこから後輩のふたりが、ぎゃーぎゃー言いながら走って戻ってきました。

どうしたのか聞いてみると、ふたりはみんなから離れて河原でおしゃべりをしていたそうです。

すると後ろから
「何してるの？」

と、女の人の声が聞こえたといいます。

ふたりとも同時に振り向きましたが、誰もいません。

そんなこんなで恐ろしくなって走って逃げてきたそうです。


花火も終わり、部屋へ戻りゆっくりしていると、
また別の後輩が「先輩、一緒に写真撮ってください」とやってきました。

「もちろん」、と一枚パチリ。

合宿も終わり、学校が始まったある日、一緒に写真を撮った後輩が突然、私の教室にやってきました。

「どうしたの？」

「先輩……合宿で撮った写真なんですけど……

……先輩の顔が先輩じゃないんです……」

…………!!

ホントに、私の顔ではありませんでした。
知らない女の人の顔。
満面の笑みでした。

その時は何だか気持ちが悪かったけど、あとあと考えるとその写真の女性はほんとうに楽しそうに笑っていたし、その後とくに悪いことが起こったりしなかったので、きっとその人は仲間に入れてほしかったんだな、って思います。

怪 その二十七 他のと一緒にして

大学3年生のお盆に、父の実家に行ったときのことです。
父の実家では、毎年お盆になると「盆棚」といって、お仏壇とは別に特別の棚を設けてお迎えをします。

白木で囲った台の前部にはお供え物、後部には先祖代々の位牌が並び、まわりもほおずきなどで飾られます。

いつものように、お線香をあげ、おりんを鳴らし、目を閉じて手を合わせました。すると、ふっと脳裏に、「着物に赤い帯を締めた、小さな女の子」の映像が浮かんだのです。

「?」と思って目をあけました。

と、今度は盆棚の下部にある、飾り彫りの中がやけに気になりだします。

そっとその暗がりの中に手を入れてみると、何か硬いものに触れました。

引き出してみると、それは、古びた小さな位牌……。

表には、〇〇童女、と記されています。

側にいた叔母がそれを見て、他のと一緒にしてあげなさい、と言ったので、私はその位牌を他の位牌の中に安置して、もう一度手を合わせました。

怪 その二十八

車のドアにぶら下げて

小さい頃から、人には見えない人をよく見ました。

でも、「怖い」と思うことはあまりなかったです。

しかし5年ほど前の夏、ほんとうの「恐怖」に出会いました。

彼氏（現：ダンナ）と夜にドライブに出かけ、高速道路を走っていると、なんだか急に涼しく感じました。

エアコンを強くしたのかな？　と思いながらなにげなく隣の車線を見ると、ものすごいスピードで白い乗用車がやってきました。

あぶないなぁ。

と思いよく見ると、窓という窓が真っ黒で、中はまったく見えません。

でも不思議と乗っているのは「若い男性がふたり」とわかるのです。

そして、後のドアに「何か」をぶら下げていました。

「何だろう?」と思ったとき、

「何か」がこちらを向きニタァと笑いました。

その「何か」は、セミロングの黒髪の、女性の頭部だったのです。

彼女の首には、ベージュっぽい1センチほどの太さのロープがからまっていました。


そして、アザもハッキリと見えたのです。


私は視力が悪く、メガネをかけても「0・6」程度なのです。

本来なら、ロープの色やアザなんて、見えるはずがないのです。

彼氏に話すと、

「車しか見えなかった」

と言っていました。

怪 その二十九 迷惑な弟

私の祖母には、弟がいました。

この弟、周りにいろんな迷惑をかけたあげく、行方知れずになってもう10年以上の月日が経っていました。

そんなある日のこと、祖母が言うには「夜の9時ごろ」の話。

玄関に近い部屋から、ふっと入り口の戸を見ると、そこに行方知れずの弟の姿があったそうです。

祖父母の家は、当時商売をしていた関係で、入り口の引き戸は透明なガラスの格子戸でした。

祖母は一瞬、「えらい奴が来てしもた！」と思ったと言います。

祖母や祖母の家族には、弟にさんざん迷惑をかけられた、という思いがあったからです。

パッと顔をそらして、ほんの数秒躊躇して、それでも自分の弟だから、と思いなおして顔を上げた時にはもう、そこに姿はなかったそうです。

玄関の引き戸を開け、外に出て家の前で見回しても、弟の姿はどこにもありませんでした。

「見間違いやったんや」と、残念なような、ほっとしたような、複雑な気持ちだったと言います。


その夜、遅い時間に、祖母の元に1本の電話が入りました。

ある病院からです。

先方は、祖母に弟の名前を告げて、「お知り合いではないでしょうか？」と尋ねました。

「弟です。」

応えた祖母に、弟がずっとその病院に入院していること、いよいよ容態が良くなくて、いわゆる「危篤状態」であること、自分は天涯孤独だと言っていたこと、何か身元の手がかりがないかと荷物を調べたら、そこに女性の写真があり、裏に「姉」と書かれ、住所と電話番号が添えられていたと告げられたそうです。

同じ市内の病院とはいえ、車で1時間ほどかかる距離。

祖母は急いで病院に向かい、そこで意識のない弟と再会。

そして間もなく弟は息を引き取りました。

とても、実際に祖母に会いに来れるような容態ではなく、その頃には意識不明だった弟。

祖母は

「最後に謝りに来たに違いないのに、私はなんで『よぉ帰ってきたなぁ』と迎えてやらなかったのか」

と、今でも言います。

怪 その三十

雨の中の友だち

もう20年も前のことです。

弟の同級生が運転する自動車が、スピードの出しすぎで国道の急カーブを曲がりきれずに路外に飛び出し、同乗していた他の4人の同級生もろとも亡くなる大きな事故が起きました。

弟と仲の良かった子も、その4人の中にいました。

事故の知らせを聞いた弟は、その子のことを悼みながら、その日、自分の部屋でひとり遅くまで夜を過ごしていました。

雨がしとしとと一晩中降っていたそうです。

そのうち、雨の音に混じって、弟の部屋の窓ガラスを、とんとん、とんとん、と誰かが叩くような硬い音がしました。

弟の部屋は二階です。

ですから、気のせいかと最初は無視していましたが、とんとん、とんとん、と音は繰り返し、いっこうに鳴り止みません。

妙に思いながらカーテンを開けてみると、窓の外には、亡くなったはずのその子が、ずぶぬれで佇んでいました。

そして弟に泣きながら、

「ここはとっても寒いんだ、T（弟の名前）、開けて中に入れてくれないか」

と懇願しました。

弟は窓を開けようとして、はっと、思いとどまりました。

その子は事故でなくなったはずだから。

「ごめん、
お前はもう死んでしまったんだよ。

だから、もうここに入れてはやれないんだ。

お前、もう、いかないとだめだよ」

弟がそう諭すと、その子は
「やっぱりそうなのか。

わかった。ありがとう」

そう言ってすうっと消えてしまったそうです。

あの時はあいつがかわいそうで、一生懸命話をしたんだけど、あれでよかったんだよな、と、弟は言いました。

たぶん、それでよかったのだと私も思います。

怪 その三十一　見つめてくる金魚

あれは十数年前のことです。

当時学生だったわたしは、友人ふたりと連れ立って、隣町で行われた花火大会に出かけました。

夏の夜空に鮮やかに咲く大輪の花火を見上げながら、屋台をひやかし、はしゃいでいました。

そして、いつもはしない金魚すくいをしてみよう！　と、三人で張り切っていどみました。

結果はそれぞれ一匹ずつ。

かわいいねえ、よかったねえ。

と、リンゴ飴をかじりながら、目の高さに上げたビニール袋のなかでふわふわと泳ぐ赤い金魚を眺めました。

するとEちゃんが
「この子、私のことがすきみたい！

だって、ずうっと私のこと見てるもん」

というので隣から覗き込んでみると、たしかに彼女の金魚は口をぱくぱくとさせ、尾ひれを揺らしながら、常に正面の彼女のほうを見つめているのです。

こんなこともあるのだなあと感心しながらも、羨ましいなあ、わたしともうひとりがすくった金魚は見向きもしないよ、とひやかしながら、帰路につきました。

数日後に会ったEちゃんが元気が無かったので、どうしたの、と尋ねると、うん。

とか、ああ。とか、歯切れの悪い返事ばかりが返ってきたので、話を変えようと先日すくった金魚の話を振った、そのときでした。

その子はみるみる青ざめて、目に涙を溜めてこういったのです。

「あの金魚、こわい。こわい!!」


あの日家に帰ってから、彼女はさっそく家族に見せて、水を溜めた真新しい金魚鉢に移し替え、自分の部屋でずっと眺めていたそうです。

金魚はその間もずうっと彼女のほうを向いていました。

頬杖をつきながらにこにこと見つめていたその時、何気なく部屋の電気で反射して金魚鉢に映ったものを見て、彼女は総毛だったそうです。

そこには、彼女の顔と、部屋の景色と、それから、彼女の右肩からのぞく、知らない男のひとの顔が映っていたそうです。

男の人は彼女の右肩から覗きこみ、顔は正面を向き、ぎらぎらとした目だけが彼女をギロッと見つめていたそうです。

そして何より驚いたのが、鉢の中の金魚のぱくぱくという口の動きと、その男の人の口の動きが、まったく同じだったそうです。

何をいっているのかはわからないけれど、とても恐ろしかったそうです。

Eちゃんは声にならない悲鳴をあげながら家族の部屋へ走って逃げ、結局その夜は家族の寝室で一緒に眠り、翌日からその金魚鉢は彼女の目が届かない勝手口の洗濯機の横に移され、家族がエサをやりました。

金魚はその3日後に動かなくなって、土に還ったそうです。

あの金魚はいったいなんだったのか。金魚鉢に映った男の人はどうして彼女を見つめていたのか。

彼女はそれ以来、屋台の金魚すくいはおろか、いっさい金魚には近寄らなくなりました。

花火大会が行われるこの時分になると、時折ふと思い出す出来事です。

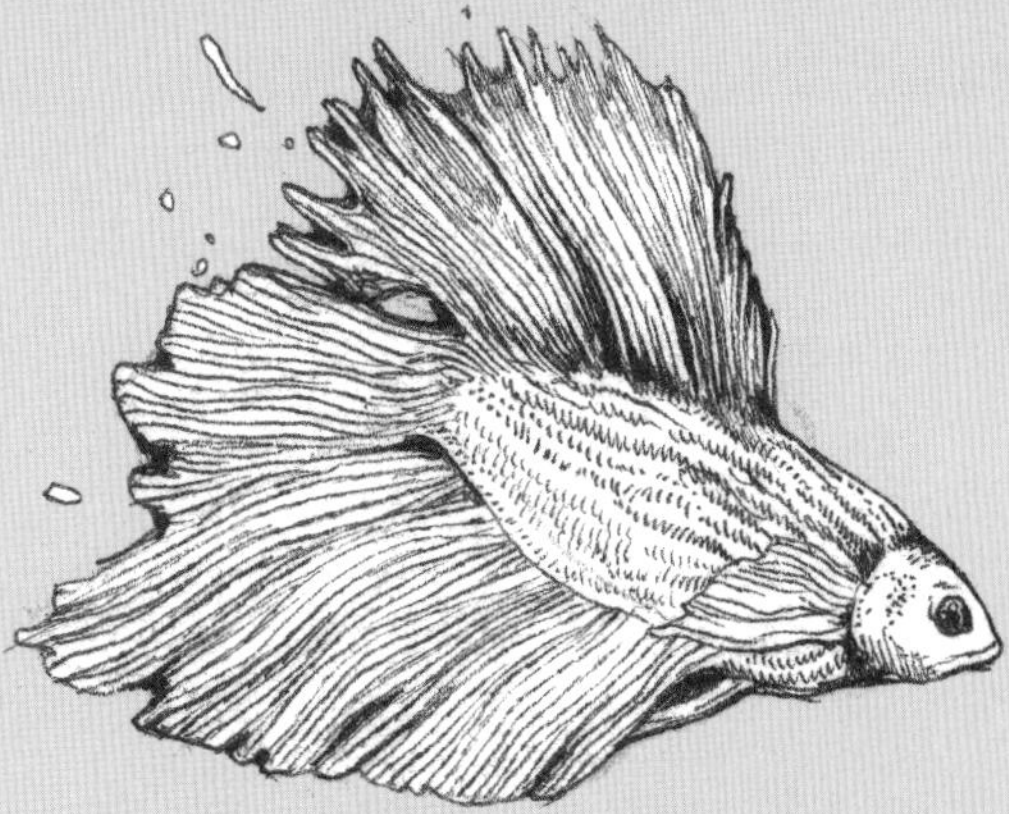

怪 その三十二

旧館は半額

まだ私が地方担当の営業をしていた頃の話。

2か月に1回、出張で得意先を回るのが常でした。

その日は春先で、安いビジネスホテルを予約してあり、午後7時にはチェックインしました。

たまたまその日はキャンペーン期間で、「旧館」に泊まれば半額とのこと。

出張費が限られている下っ端営業マンの私は、迷わず「旧館」に泊まることにしました。

案内された部屋は、テレビが当時でもすでに珍しい、赤い14インチのチャンネル式で、申し訳程度においてあるテーブルと椅子も、私が生まれた昭和40年代を思わせる年代物でした。

廊下の一番奥の角部屋だったので、ちょっと嫌な感じもあったのですが、私はいわゆる「こわい類いの話」にはあまり興味がなく、縁もなかったので、かび臭いニオイのほかはあまり気にしませんでした。

そして夜、ひとりでやることも特になかったので、シャワーを浴びて夜11時くらいにはベッドに入ってしまいました。

そのベッドは掛け布団を入れても床からひざくらいまでしかない、低いものでした。

とにかくかび臭いのと古い感じの臭いが気になってしかたありませんでしたが、いつのまにか寝入ってしまったようです。

気がつくと、部屋の真ん中あたりがうっすら青くなっていました。寝ぼけているのかな、と目を凝らすと、ツギハギの着物を着たおかっぱ頭の女の子の顔が正面に見えました。

まず女の子が部屋の中にいることがおかしい…、それに低いベッドで、左腕を下に寝ている状態から見ているのに、その高さに顔があるのって…。

そのときの感想は「え〜、なんで、オレ〜?」。

ちゃんと確認するのが怖くて、寝返りをうってしまったのでその後はどうなったのかわかりません。

翌日ホテルに聞いてみる勇気もなく、後日談もありません。

やっぱり確認したほうがよかったのでしょうか。

怪 その三十三 車に乗せてしまいました

それは私がまだ小学生の頃、いまから25年程前の出来事です。

実家は、父と従業員1名で小さな建築板金の仕事をしていました。

ある日父が現場で隣町まで行かなければならなかったのですが、急用で行けなくなり、代わりに従業員の男性が現場に行くことになりました。

現場での仕事は予想以上に時間がかかり、帰りが夜になってしまう、という電話連絡があったそうです。

その夜は小降りながらも雨が降っていました。

次の朝、その従業員が神妙な面持ちで、父にこう話しました。

「昨夜、幽霊を車に乗せてしまいました……」

と。

隣町とのほぼ中間に、小さなトンネルがありました。

そのトンネルはゆるやかなカーブになっているのですが、交通事故が多く、「これは霊の仕業だ！」と、いつしか地元では有名な心霊スポットとなっている場所でした。

従業員の男性が帰り道、そのトンネルをくぐり抜けたとき、ヘッドライトの先に人影が映ったので、近づいて行くと、路肩を髪の長い女性が歩いているのです。

雨の中、傘もささずに……。

先の民家までは数㎞もある。

少し不思議に思いながらも、従業員の男性は車を止め、その女性に「どこまで行くの？」と訪ねました。

すると、か細い声で「〇〇〇まで」。

「雨も降ってるし、帰り道だから送るよ」と言うと、その女性は小さく会釈し、助手席に乗ってきました。

「少し汚れているけど、これで頭をふくといいよ」と、てぬぐいを女性にわたすと、何も言わず、女性はただ小さく頭を下げたそうです。

それからも女性は終始うつむいたままで、長い髪が顔を覆っていました。

さほど会話もないまましばらく車を走らせ、その女性が言っていた場所の近くに差し掛かったとき、「このあたりかな?」と、助手席に顔を向けると、ついさっきまで隣に座っていたはずの女性がいないのです。

「えっ?!」

男性は自分の目を疑い、車を止めて助手席に目をやると、窓が少し開いていて、シートがびっしょりと濡れ、その上に小さく折り畳んだ1000円札が1枚、置いてあったそうです。

実際にその車のシートを見ましたが、濡れた跡がシミ状になっていました。

怪 その三十四

疣《いぼ》がとれると

義母はよく、おかしなことを体験するそうです。

たとえばここは危ないところだからみんなで手を繋いで動こう、と、知り合い数人で山で山菜取りして、その間中ずっと誰かの手を握っていたのだそうですが、義母だけが狐に化かされ、気がつくといくつも向こうの山にいたとか。

そして、身体に小さい疣（いぼ）ができると、とても嫌がります。

嬉しいものではないので嫌がるのは当然だろうけれど、何でそんなにも嫌がるのだろうと思って話を聞いてみると、これが取れた時に必ず、誰かが亡くなるから嫌なのだ、というのです。

数年前に、主人の叔父が入院した折も、良くなる兆候があったので、みなで「大丈夫だよ、すぐ退院だよ」と言っていたのですが、義母だけがとてもがっくりしており、様子が普通ではないように思われたので、他の親戚がいないところでこっそ

りと話を聞いてみると、

「首の所にできていた疣が取れてしまったから、Kさん（叔父の名前）はもたないよ。だけどこれは誰にも言わないでね」

ということでした。

叔父の容態もそう悪くはないようでしたし、私もまさかと思いましたが、やはり誰にも言わない方がよかろうと黙っておりました。

そのつぎの週に叔父の容態は急変し、あっという間に亡くなってしまいました。

この疣は、じつは私の主人にもたまにでき、やはり同じようなことが起きるのだそうで、それが取れそうになると実家の義母に電話して、病人がいないかどうか確認をしています。

私自身は鈍感な性質なようで、あまりそういう霊を見たなどというような体験はないのですが、日頃はこういうことを信じていない主人や義母が真剣に嫌がるのを見るにつけ、なんだか判らない怖さを感じております。

怪 その三十五　上に続く階段

「F子ちゃんは、小さい頃神隠しにあったことがあるのよ」

と、F子ちゃんの家に友だちと遊びにいっていた時、たまたま来ていた彼女の叔母さんが言いました。

「え？　どういうこと、どういうこと？　教えて教えて！」

としつこく聞くと、今まで怪談を避けていたF子ちゃんが重い口を開けてくれました。

F子ちゃんが小学校の頃、近所によく遊ぶ友だちがいました。

その子の家には小さな工場があって、その2階に、機械類を置いている大きな部屋があったそうです。

そこで2人はかくれんぼをしたり、絵を描いたり、毎日遊んでいました。

その部屋の奥には、上に続く階段がありました。

F子ちゃんはずっと、上にはどんな部屋があるのか気になっていました。

でも、その階段を覗くと、いつもおじさんがいて、

「ここから上には行ってはいけないよ」

と、言うのだそうです。

ある日、いつものように遊んでいたら、階段におじさんがいないことに気づきました。

これはチャンス、とばかりに階段を上がりました。

上がったところで記憶がなくなって、気付いた時には自分の家の押入れの中にいたそうです。

お昼ご飯を食べてすぐに遊んでいたのに、すっかり暗く、夕方になっていました。

遊んでいる途中で急にいなくなったので、友だちがF子ちゃんのお母さんに話し、家に帰ってないから、とお母さんも一緒にF子ちゃんを探し回ったそうです。

結局、いないと思ったF子ちゃんが押入れから出てきたので、ふたりはびっくり。

F子ちゃんは、3階に上がったこと、気づいたら自分の家の押入れにいたことを話しました。

すると、友達が、

「うちは2階までしかないよ。あの部屋には上に続く階段なんてないよ」

と言いました。

その後、一緒に工場の2階に確かめに行きましたが、いつも見えていた階段はなく、外から見ても2階までしかなかったそうです。

F子ちゃんに、何があったか全く覚えてないの？　と尋ねたら、

「覚えてない。ただ、その時、覚えていてはいけない、という気持ちがあった。覚えていると良くない、思い起こすのが怖い、と思った」

と答えました。

いったい何があったのか、
なぜF子ちゃんにしか見えない3階があったのか、
すべてはF子ちゃんの固く封印された記憶の中です。

怪 その三十六

電車の網棚の上に

もう17、8年まえの出来事です。

そのとき私は大学生で、電車通学をしていました。

ある夏の日の夕方、家に帰るために池袋駅から快速電車に乗ったときのことです。

その日は通り雨があり、ものすごく湿度が高かったのを覚えています。

電車に乗り込んだとき、別の車両にすればよかったと、とっさに思いました。

車両の網棚の上に、女の人が乗っていたのです。

帰宅ラッシュがはじまったばかりの車内は混んでいて、傘を持っている人も多いし、蒸し暑い。

でも、いくらなんでも網棚の上に乗るのはやりすぎだろう。

みんな見ないふりしているけど、車内にはやっぱり気になってちらちら見てる人もいました。

なんだこの女の人、気の毒だけど……という目で。

でも平気な人は新聞を読んだり、ウォークマンをいじったりしていました。

都会の人はこういうの平気なんだなあ、慣れてるんだな。

めんどくさい車両に乗っちゃったなあ、と思いつつ、好奇心に負けて、もういちど網棚の上を見たとき。

それが「人」じゃないことに気づきました。

視界のすみでとらえていた細い腕や、黒いタイトスカートから伸びた細い足。

白いブラウスに長い黒髪。

狭い網棚の上で、はいつくばっているその顔は、目の部分が黒くおちくぼみ、顔の輪郭がぼやけて影のようでした。

いやまさか。

こんなまだ明るい時間に、こんな所で。

手も足もはっきり見えるのに。

混乱しながらもっとよく見よう、としたそのとき、彼女が動きました。そして
バンッ

と、車内に大きな音が響きました。

それは、車両がきしむような、何かが破裂するような大きな音で、私は思わず「わっ!!」と声をあげましたし、車内の何人かの人も首をすくめたり、まわりを見回したりしていました。

そしてもういちど網棚をみると、女の人の姿は跡形もなく消えていたのです。

私は似たようなものを、中学生のときに別の場所で見たことがあります。

そのときと共通して怖かったのは、そういうモノがいる、ということより、何人かの人は見えてるらしいのに、まったく気づかない人の方が多いんだ、ということでした。

怪 その三十七

いつもひとり足りない

私は4人姉妹の二番目に生まれ、父母も合わせて6人家族で暮らしてきました。小さな頃から、家族団らんをしていると、「あれ、一人足りないな、全員揃ってるのに」という気持ちになることが多くありました。

実際に言葉に出してもいて、姉妹みなが同じ感覚でいることが分かっていました。子どもだったので、家族とはそういうものだと思っていました。揃っているのに、誰かが帰って来ていないような、少しさみしい気持ちになるものだと。

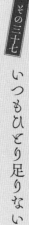

中学生になったあたりでそんな感覚になることはだんだんなくなり、忘れていきました。

6年前に私が子供を産んでから、母とは、それまでしなかったような話もするようになり、実は私たちは4人姉妹ではなかったかもしれない、ということを知りました。

5番目の子は、生まれることができなかったと。

その時に、足りなかったのはその子か！　と、さみしかった気持ちを思い出して、

「私たちがひとり足りない気がする、って騒いだ時に、複雑な気持ちになったでしょ、ごめんね」

と母に謝りましたが、母はそのことは覚えていませんでした。

足りないって感じてくれてありがとう、と言われました。

年も近い4人姉妹なので、いつでもほんとうによくしゃべりました。

そばにいたのかもしれません。

大きくなって感じなくなって、忘れてごめんね。

怪　その三十八

鏡には映るのに

霊感があるという、友人の話です。

家にひとりでいた時に洗面所の鏡を見ていたら、鏡の奥に、何かしら動く物があったので、後ろに何かあるのかと振り返ってみても、何もありません。

それで、気にせずにまた鏡を見ながら髪を整えていると、さっきよりも近い位置に何かが見えたそうです。

でも、また振り返って見てみても、何もないのです。

しかし、次に鏡を見ると、生首の男の顔が、そこにありました。

怖くなって、もう一度振り向き、見てみますが、何も見えず……。

恐る恐る鏡を見ると、それは、友人の肩に乗っていたそうです……。

鏡には映るのに、実際には見えないものがいるんですね。

それ以来、鏡を見るのが怖いという友人です。

怪 その三十九

必ず毎晩鳴る音

私の家では、毎晩深夜2時から2時15分くらいにシンクやコンロ、換気扇のカサから、軽く叩くような音がします。

私は霊感がいっさいないのですが、引っ越してきた当時はラップ音だと思い、不安になっていました。

しかし、4年もたった今では、毎日のことですし、おそらくカップ焼きそばのお湯を台所のシンクに捨てるときのように、温度差によって金属がしなっているだけだと思っています。

これまで何度かその瞬間を見ようと見張っていたのですが、シンクを見ていると換気扇のほうで、換気扇を見ているとコンロのほうで、といったように、瞬間を見ることはできないのです。

でも、

ポコン　ポコン
と音が鳴ります
霊感がある友人がうちに来たときに聞いても、気持ち悪いとかはないそうです。
何か実害があるわけではないのですが、今日も鳴ります。

怪 その四十　わたしと同じように

小学1年生のお誕生日のときに、祖母が「モモちゃん」という西洋人形風だっこ人形を買ってくれました。

最初はずいぶんかわいがっていたのですが、知らないうちに、どこか部屋の中で埋もれてしまっていました。

そんなことはすっかり忘れていた真夜中、私は夢を見ました。

モモちゃんが、襲い掛かってきます。

ケタケタ笑いながら。

逃げまどう私、でもつかれきってつかまってしまいます。

右頬にナイフでギリギリと傷をつけられました。

あまりに生々しくて痛くて、目が覚めました。

そのリアルさに現実か夢か一瞬わからず、モモちゃんを探しました。

どこにいる？

そういえば、いつからいない？

……思い出せない……。

部屋の中をどんどん探すと、たんすの裏から右頬に真っ黒い傷のついたモモちゃんがでてきました。

ベンジンをつかったり布でふいたり、何をしても消えない傷……。

もうすぐ私の誕生日。毎年思い出します。

モモちゃんは、黒い傷をつけたまま、微笑んでいます。

怪　その四十一

導く鉄塔

もう20年も前のこと、私は田舎の警察官でした。

地元山間部の中年男性が行方不明になったとのことで、捜索隊の一員として駆り出されました。

行方不明になってすでに数日経過していたので、春先で気候が良いとはいえ、「死体」を捜していることは暗黙の了解でした。

しかし、広大な山中を探し回るのは並大抵ではありません。

午前中は見つからず、昼食後、午後からも捜索することになりました。

舗装された車道を10人ほどで歩いていると、ふと、獣道のような道ともいえないような溝が道路脇の山肌に見えました。

「行ってみようか……」

なぜ、そんな気持ちになったのか、未だに分かりません。

とにかく仲間たちと別れ、ひとりでどんどん山奥に入っていきました。
途中何度引き返そうと思ったか……。
半ばやけくそになって一時間も歩いた頃でしょうか。
山の中腹に高圧電線の鉄塔が聳え立っているのが見えました。
「首をつるのにぴったりだな」
へとへとに疲れた心と体を引きずりながら、不謹慎な冗談を思いつきました。
鉄塔に首吊り死体がぶら下がっているのを発見したのは、その直後でした。

怪 その四十二　あからさまなアレ

今から20年くらい前のお話です。
当時私は田舎の農家に育ち、隣はお寺という環境で暮らしていました。
そんな環境なので、私の部屋のある離れに上がってくる足音がすることなどは日常茶飯事で、そのために友人も泊まりに来なくなってしまったほどです。

その家で、ある年の初夏に祖母が亡くなり、母屋にて葬儀が行われることになりました。

母屋の仏間に亡骸を安置したのですが、仏間の隣はすりガラスの戸一枚を隔てて弟の部屋になっており、弟はその部屋で、いつものように過ごしていました。

深夜になって、ダダダッと私のいる離れの階段を駆け上がる音がしました。

私がギョッとして身構えていると、

「俺だよ、開けてくれよう」

と弟の声がしました。

ドアを開けてみると、息を切らして何かに怯える弟がそこにいました。

話を聞いてみると、深夜になって1時過ぎくらいに、仏間の辺り、すりガラスの向こう側で動く影が見えたとのこと。

どんなのだった？　と聞くと、

「よく映画とかに出てくる、白い和服着て、頭に三角の布の、アレ」

というのです。

あからさま過ぎて冗談だろうと思ったのですが、あまりにも真剣に怯えるうえ、疑うなら一緒に行ってくれというので、家の中庭を横切り、縁側から仏間の様子を伺ってみました。

するとそこにはまぎれもなく、白い服で長い黒髪を振り乱した、いかにも幽霊といった感じの影が祖母の亡骸の上をゆらゆらとうごめいていました。

それまでもいろいろな怪現象が起きていた我が家でしたが、幽霊そのものを見るのは初めてで、本気で腰を抜かしそうになりました。

叫びそうになるのをこらえ、弟と静かにその場を離れ、自室に戻り、今度は自室の窓から仏間の方角を見てみました。

まだ何かがゆらゆらしているように思え、自室に鍵をかけ、気を紛らわすために、夜が明けるまでアニメを見続けました。

朝になってから大人たちにその話をしても、当然ながら信じてもらえませんでした。

いまだに、アレほどはっきりと明らかにヒトでないもの、見ただけで背筋が凍りそうに寒くなって鳥肌が立つという存在には、会ったことがありません。

怪 その四十三

ずずず、ずずず

私が大学生の頃ですから、かれこれ20と数年前、中学校時代から仲の良かった友人がお墓近くのアパートに住んでおりまして、私はよく、泊りがけで遊びに行っていました。

遊びに行ったらコンビニで買い物をするのが常で、その夏の夜も、ふたりで出かけました。

買い物を済ませ、いつものとおり、お墓の横の道を歩いていると、暗闇の中、前の方から、ずずず、ずずずと何かが歩いてくる気配がします。

その音の方向を、目をこらして、じぃーーーっと見つめました。

友人も立ち止まり、同じ方向を見つめています。

ずずず、ずずずとこちらに進んでくる気配を感じながら、さらにじぃーーーっと目をこらし続けました。

そして、たぶん友人と私は、同じぐらいの瞬間に、「ずずず」の正体をキャッチしました。

上半身のない下半身だけ、小さな足で大人のサンダルを引きずって歩く、短パンを履いた、子供……？　と思われる姿でした。

友人と私は手をつなぎ、友人の「後ろを振り返るなーーー！」というかけ声とともに一目散にもと来た道を引き返し、遠回りして、アパートの部屋へ息をきらして戻りました。

(友人は、幽霊にあったら後ろを決して振り返ってはいけない！　と思っていました)

友人とふたり、あまりのこわさで、部屋の中、ただただしばらく、わんわんと泣きました。

その後、友人はうちに帰るとき、遠回りでも決して、決して、その道は、通らなくなりました。

夏が来ると、今でもあれは、現れているのだろうか……、と、ふと思うことがあります。

怪　その四十四

盂蘭盆会《うらぼんえ》

話の始まりは私が中学生のころ、16、7年前のことです。

私の両親は無宗教・無神論者といった感じで、お盆もお彼岸も何もしない人たちでした。

私は子どものころ同居していた祖母が、お盆に茄子や胡瓜に足をつけたりするのを楽しく手伝っていた思い出がありました。

そしてその前年に祖父が亡くなったこともあり、両親に何も言わずひとり迎え盆をしました。

しかし子どもだったことと、そういう両親に育てられていたためでしょう、いい加減なことに、送り盆をやらなかったのです。

まったく気にしないで過ごして数年後、夏が近づいてきた頃でした。

夢の中で、私によく似た顔をした、4、5歳年下の女の子に言われたのです。

「お姉ちゃん、今年はちゃんと送り盆してね。私とおじいちゃんが帰れないよ」と。

目が覚めてからちょっと考えて、うちにある位牌は祖父のものと、私が幼稚園のときに死産で生まれた妹のものとだと気づきました。

その年の夏に、私は数年遅れの送り盆をしました。

怪 その四十五 外灯の下の白い人

あれは2年前の9月頃、私が自室で試験勉強をしていたときのことです。

猫が窓の外でひどく騒ぐので、「喧嘩でもしているのかしら」と思い、玄関から外に出てみました。

案の定、外で喧嘩していたらしい猫たちは、私の気配を察すると、パッ、と逃げて行きました。

その時、何となく、家の通りの曲がり角の方を見ました。

曲がり角にはひとつ外灯が立っていたのですが、その下を、白い服を着て、顔を白い布で覆った男性っぽい人が、手足をくねくね動かしながらこちらへ歩いてきました。

なんだかわけのわからないものを見て面食らった私は、慌てて家に駆け込み、厳重に施錠して、しばらく呆然と玄関に立っていました。

今でもあれは何だったのか、わかりません。

怪 その四十六　他人の足

高校生の時、学校近くの友人のマンションで、毎日のように遊んでいました。

彼女のご両親は別のところでお店をやっており、放課後は絶好の溜まり場でした。

その日、いつものように何人かがコンビニへ行くと言い、私は寒かったので、ひとりコタツに潜って友人たちを待っていました。

みなが出て行ってから数分後。

玄関からこっちへ向かってトントントン、と足音がしました。

誰か帰ってきたのかな？　と思いましたがこっちに来る様子がありません。

するとまた同じように、玄関からこちらへ、トントントン……。

さっきの足音が玄関の方へ戻った音も、玄関が開いた音もしなかったことに気付きました。

おそるおそる音のした方を見ると、廊下に出る襖に10センチほどあいており、その向こうに、白くてきれいな女性の足が……、こっちへ向かって立つ膝から下の「足だけ」が見えました。

私は怖くなって慌ててコタツに潜り込み、友人たちの帰りを待っていました。

ほどなく友人たちが戻ってきたのでその話をすると、家主である友人が困ったような顔で言いました。

「昨日お風呂から上って廊下に出たらね、あたたまったはずの足が急に冷えてきて、膝から下の感覚がなくなっちゃったの……。

で、足を見たらね……膝から下が、自分のじゃない足になってた」

「足」はとくに悪さをしないようですが、それ以来、彼女の家には行っていません。

怪その四十七　私には見えない

小学生の頃の話です。

その日は朝から雨が降り続き、校舎内も薄暗くジメジメとしていました。

私は数人の友人と放課後の教室に残っておしゃべりをしていました。

途中、その中で一番仲の良かったYちゃんと一緒にトイレに行くことになり、トイレまでどちらが早く走れるかと競走しながら、4つの教室と階段の踊り場を走り抜けました。

一秒ほどの差で私が先に壁にタッチし、ふたりで「勝った」「負けた」と笑い合っていました。

するとそこでYちゃんは急に不思議そうな顔をしながら、

「……あそこに立ってた子、変わってたね」

と言いました。

私は廊下を走る間、誰も見かけなかったので、不気味に思いながらも
「……え？　どんな子？」

と聞くと、Yちゃんは
「今、階段の踊り場にいた男の子よ。

今日いくら雨だからって、校舎の中で傘ささなくてもいいのにね」

と言うのです。

私は傘をさした男の子、なんて見ていません。

背中を気味の悪いゾーッとした感覚が走りました。

私は一瞬迷いましたが、怖くて黙っていることが出来ず
「……そんな子、いなかったよ……」

と言いました。

するとYちゃんは、私がその言葉を言い終わらないうちに、私を見つめたまま突然、

「ギャー!!」

と大声で叫び、私から逃げるように、泣きながら教室へと走り出しました。

私は驚きながらも、その後を追い、走り出しました。

その時に階段の踊り場を見ましたが、やはり誰の姿もありませんでした。

教室に着いてもYちゃんは泣きやまず、私も他の友人達も困惑していました。

しばらくして落ち着いたYちゃんにどうしたのかと聞くと、Yちゃんは少し言いにくそうな表情をしながら、私を見て、

「R（私）が『そんな子いなかったよ』って言った時、途中で、Rの顔が、さっきの男の子の顔に変わってしまった」

と言い、また泣き出してしまいました。

私は顔面から血の気が引き、友人たちもみな、恐怖につつまれた表情になり、黙ってしまいました。

その帰り道の途中も怖い気持ちは消えることはなく、振り返るとそこに、見てもいない男の子がいるような気がし、私はなぜか、決して振り返ってはいけないと思いながら家へと急ぎました。

怪 その四十八

持たされた人形

小学校4年生の時だったと思います。

その頃、わけあって伯父夫婦の家に預けられていた私は、その家の茶箪笥の上に、愛らしい張子の人形を見つけました。

それは小坊主さんのようで、筆で細く描かれた目元が微笑んでいるようにも見え、一目で気に入った私は、

「あの小坊主さんの人形かわいいね」

と、何気なく伯母に言いました。

すると伯母は言うのです。

「あれは本当は女の子なのよ。別の親戚の子が来た時、張子の髪を剥がしちゃったんだよ」

それを聞いてあらためて人形を見ると、さっきまでの愛くるしさが消え、反対に

気味の悪いものが湧きあがってきて、私はその人形と視線を合わせないようにして日々を過ごしました。

ところがそのしばらく後、伯父夫婦の家から自分の家へ戻った私の私物を入れたバッグの一番上に、あの人形が入っていたのです。

驚きと恐ろしさで、私はすぐに伯母に電話をかけました。

すると、

「Mちゃん（私です）、その子のこと気に入ってたみたいだったから、玄関で入れておいたんだよ」

私は、私には告げずにその人形を持たせた伯母に対して、なんとも言いようのない違和感を感じました。

伯母は少しばかり勘のいい人でもあります。

さらに伯母は言うのです。

「Mちゃん、髪の毛を付けてあげてね」……と。

しかし私はそんな伯母の言葉を素直に受け入れられず、人形をそのまま放置しました。

もはや、少しもかわいいという気持ちは持てなくなっていました。

その晩から、私は悪夢を見るようになりました。

内容はハッキリとは覚えていませんが、

「お前には悪霊が憑いている」

というようなことを頭の中で繰り返し言われ、目が覚めると寝汗で体中ビッショリです。

3日ほどそんな夜が続きました。

思い当たることと言えば、あの人形以外ありません。

恐怖に慄いた私は、その日のうちに人形に毛糸で作った髪をつけてあげました。

すると、その夜から嘘のように悪夢を見なくなったのです。

後日、再び伯母に電話をかけて事の顛末を話すと、伯母はこう言いました。

「そんなことがあったの……。

人形は、夢や事故で、して欲しいことを訴える場合があるからね……。

何ともなくて、ほんとうに良かった……」

なぜ伯母は、自分で髪をつけてあげなかったのでしょう。

黙ってこっそりと私に持たせるような真似をしたのでしょう。

あの人形は引越しのさなか紛失し、どこへ行ったのかわかりません。

怪 その四十九　野辺の送りに

重症患者の多い病棟で事務をしていたところ、ある工場の門前で行き倒れていた方が運ばれてきて、身元もわからず長いあいだ昏睡状態で入院なさっていました。

名前がなくてはカルテもつくれないので便宜上、彼は倒れていた場所の名前をとって「〇〇太郎」と名づけられました。

いつもほほえんだ顔でしずかに眠っている、愛嬌のある方でした。

暴れたり徘徊したりする難しい患者さんの多いなかで、なんとなく看護師さんたちをほっとさせる存在だったようで、「太郎ちゃん」と呼ばれてずいぶん好かれていました。

太郎さんはおそらく、2年くらい昏睡していたと記憶しています。

いつも太郎さんの担当だった看護師・Kさんがお休みしているあいだに、苦しむことなく亡くなりました。

Kさんが休み明けにでてきたとき、みんながつめかけて

「太郎ちゃんがね……」

と話しかけると

「知ってるよ、亡くなったでしょう」

と言うのです。

Kさんは親戚の葬儀にでるための休暇だったそうで、火葬場で最後のお見送りをしているとき、ふと隣の焼却炉で、家族もなく係員だけがお骨を拾っているのに気づいたそうです。

誰も見送るひとがいないなんて奇妙だと思って近づくと、それが○○太郎さんのお骨だったのだそうです。

その時期はちょうど火葬場が混んでいて、太郎さんのご遺体は身元がわからないがゆえに、たらい回しにされKさんの実家のあるよその県に運ばれたようです。

「あたし、ゾ〜ッとしちゃったわよ」

と言いながら、Kさんは涙ぐんでいました。

「ひとりじゃ寂しいから、Kさんに見送ってほしかったんだね」

「かわいいおじいちゃんだったよね」

と看護師さんたちがみんな輪になって泣いていたのが、忘れられません。

怪 その五十 首筋から入り込む

今から15年くらい前、ぼくがまだ高校生だった頃の話です。

ぼくの家は元農家だったこともあり、平屋のだだっ広い家でした。

8畳の神棚がある部屋、6畳の仏壇のある部屋、廊下を挟み、9畳の台所と続いています。

6畳の仏壇のある部屋にテレビが置いてあるので、午後9時過ぎのお笑い番組をひとりで見ていました。

座椅子に座り、ケラケラ笑ってました。

ふと、台所の方が気になり視線を移すと、台所の出窓の外を白い服を着た女性が横切って行くのが見えました。

「まったく、他人の家の敷地を勝手に通り抜けるなんて」

と、思ったのですが、いや、まてよ……。

その台所の出窓は、地上から高い位置にあって、身長１７７㎝のぼくが外に立っても、中を覗けない高さ。

女性が外に立って、その姿（腰より上）が見えるはずがない！

その瞬間、さっきまでテレビを見て笑っていたのに、体が動かなくなりました。

覚醒している状態で金縛りです。

自分の心に徐々に別の何かが侵蝕してくる感じがします。

そして、とてつもなく悲しい気持ちに支配され、「死ななければならない」という意思に自分の意思が飲み込まれていくのを感じました。

廊下を通りかかった弟が異変に気づき、ぼくの身体を叩いたり、呼びかけたりしてくれて、ふっと金縛りが解け、動けるようになりました。

ぼくの目からは、涙が溢れ、あごを伝い、ポタポタ垂れていました。

後にも先にも、起きている状態での金縛りはこれっきりです。

あの、首筋から何かが入り込むような感触は、今でも忘れることができません。

怪 その五十一　遠くなったり近くなったり

これは、わたしの親友から聞いた話です。

友人が中学生の頃、学校の林間学校か何かで、数棟のコテージに何組かに分かれて宿泊していました。

消灯後もこっそりと布団の中で起きていた友人たちは、ふと、外から物音がすることに気づき、耳を澄まします。

「何の音だろう?」

その何かの音は、窓の方から聞こえてきます。

友人たちは、窓の方向に、耳を澄ましてみました。

すると、音は、遠くなったり近くなったりを一定の周期で繰り返しているように聞こえます。

つまり、友人たちの泊まっている建物の周りを音を発する何かがぐるぐる回っている、ということです。

純粋な好奇心から、友人たちは勢いよく窓を開けました。

すると、目を見開き、髪を乱した中年男性の生首が
「あ〜〜〜〜〜〜〜〜〜〜〜〜〜〜〜〜〜……」

と言いながらぐるぐる、コテージの周りを回っていたのです。

友人たちは恐怖のあまり部屋を飛び出し、教師に助けを求め、部屋を変えてもらったそうです。

怪　その五十二

コンビニで尋ねる女性

その日はとても寒い日で、仕事が終わって自宅の最寄り駅を出ると雪がちらつきはじめていました。

駅から自宅まで15分程度歩くので、缶コーヒーを飲みながら帰ろうとコンビニに寄ることにしました。


栄えた通りではなかったのですが、私の前後には結構人がいて、街灯があり、コンビニ以外の商店もまだ開いており、周りは明るい状態でした。

コンビニが見えはじめた頃、30メートル程先に赤いTシャツを着た女性と思われる人が歩いていました。

「この寒い中によく半袖でいられるなあ」などと思いながらもたいして気には留めずにコンビニを目指しました。

コンビニに到着し、ドアに手をかけたところで、向かいからさっきの女性がこちらへ向かって歩いてきていました。

その女性もドアの方へ向かってきたので「この人も入るのかな?」と思いドアを開けて道を譲りました。

その女性は軽く会釈をして私の前を横切り先に店内に入り、続いて私も店内に入ったのですが、そこで異変に気がつきました。

その女性の左手は、肩から先がなく、しかも引きちぎられたように肉片がぶら下がったままなのです。

傷口からはおびただしい量の血がしたたり、歩く先々に赤い水たまりを作っています。

私が赤いTシャツと思っていたものは、白いTシャツに大量の血液が染み込んだものだったのです。

すぐさまこの世の人間ではないと確信しました。

だれも気がつかず悲鳴が上がらないことから、周りの人にはその女性が見えていないと思ったからです。

怖くて逃げ出そうとも思ったのですが、店内の方が人が多く明るかったため、私は立ち読みをするふりをしながら女性が立ち去るのを待ちました。

本を持つ手と膝はガクガクと震え、ひっきりなしに吐き気がしていました。

恐る恐る女性を見ると、買い物している人ひとりひとりに何やら話しかけているのです。

話しかけられた方は気がついていないらしく、商品を手に取ったまま女性を無視しているように見えました。

女性はついに雑誌コーナーまで辿り着きました。

そこには私を含め3人いて、女性は一番右端の人に話しかけています。

いつのまにか辺りにはむせかえるような血の臭いが充満していました。

今すぐ逃げ出したいのですが、体がいうことを聞かず、とうとう女性は私の隣の人に話しかけています。

しかし隣の人は気がつかないようで雑誌を読み続けています。

あきらめたのか女性は私の方へ向かってきます。

女性は私のすぐ隣までくると……

「すみません。ナンバーが○○〝さ〟の○○ー○○の黒い車を見ませんでしたか？」

その声は悲しく、今にも泣き出しそうな声でした。

私が目を合わせ「ごめんなさい。見ていません」と答えると、女性は丁寧にお辞儀をして去っていきました。

後ほど調べると10年位前にその通りでひき逃げ事故が発生していたようです。

犯人は逮捕されたとのことですが、その女性はそのことを知らずに事故の際に走り去る車のナンバーを覚えてそのナンバーの車を探しているのだと思います。

その日から、彼女にもし会ったらそのことを伝えよう、と思いながらその通りを歩いています。

怪 その五十三

家族に混じって

私が小学生の時のことです。

家族が全員家にいたので、たぶん日曜日だったのだと思います。

朝起きて茶の間に行ったら、家族に混じって知らない女の人が座っていました。

白い着物を着て、長い髪で、頭に三角の布をつけていました。

今から思えば、まるで言い伝えそのものの幽霊の格好ですが、不思議と子どもの私は怖くありませんでした。

座っているその姿が、母方の祖母にそっくりだったからだと思います。

でも、祖母はその頃まだ存命していて、遠く離れて暮らしていました。

こんなところにいるわけない……。

しかも家族で見えているのは私だけみたい……。

いろいろ事情があって、あまり会話のある家族ではありませんでした。

私は何も言わずパジャマのままご飯を食べました。

食後、私が箪笥をあけて何を着ようか選んでいたらその女の人が横に来て、私と一緒に引き出しをのぞきました。

その向こうにいるはずの家族がまったく見えなかったから、確かにその人はいたんです。

着替えて鏡を見たら、鏡の向こうにいました。

本か何かを読んでいるときも、視界の端に座っていました。

午後、外に遊びに出た私は、近所の友だちに、朝から白い着物の知らない女の人が家の中にいて、私を見ているのだと話しました。

すると次の瞬間、その場にいた友だちふたりが、私の後方の空中を見上げて凍りつきました。

「どしたの?」

「今、(私の)後ろに、白い影がふわふわ飛んでた。2回くらい手を振るような仕草をして、消えた!」

……ふたりは、同じものを見たようでした。

打ち合わせている時間はなかったし、子どもがそろってあんな完璧なお芝居が出来るはずないから、たぶんほんとうのことだったんでしょう。

そのあと家に帰ったら、その人はいなくなっていました。

それ以来一度も会っていません。

怪 その五十四
無数の撫でる手

あれは今から十数年前、大学の卒業旅行で、野郎3人、食事を豪勢にするため移動は車、宿泊をテントにして、四国を一周している途中に起こりました。

その日は夕方から激しい雨で、夕飯、お風呂を終え、あとは寝床をと車を走らせていました。

しかしなかなか雨を凌いでテントを張れそうな場所が見つかりません。

しばらくしてメンバーの一人が「県民運動広場」と書かれた看板を見つけ、「あそこならいい場所あるんじゃない?」と言ったので、一路運動広場へ。

着いたときからぼくは、いやーな感じがしていたのですが、目の前に体育倉庫が一棟あり、ちょうどテントが張れる分くらい、屋根がせり出ていました。

友人ふたりはいい場所だと用意を始めましたが、どうしてもぼくはいやで、「場所変えよう」と提案しました。

しかし「遅くなったし、ほかに場所ねーだろ!」と聞く耳を持たれず、テントを張り終えました。

テントは3人横になるといっぱいの小さなものでした。

ぼくは倉庫にくっついた壁側に寝そべり、何分か経った頃です。

広場の入り口の方から、宗教的な感じの、太鼓を叩く無数の音が聞こえてきました。

「タタン、タタン」

小さい明かりもいくつか見えたので、場所柄お遍路さんか何かの参拝団かな?と友人と話していましたが、様子が変です。

音はどんどん大きくなり、どんどん近づきます。

ひとの明かりが僕らのテントを照らしたとたん、一斉に音と光が、一気に近づいてきました。

友人のひとりが、

「変なのに巻き込まれるのも面倒だから寝たふりしよう」

ととっさに小声で言ったので、電気を消し寝袋へ。

ものすごい恐怖の中、音と光は確実にぼくらのテントを目指しています。

テントの前まで来たなと感じた瞬間です。

音と光が止み、テントの四方を、無数の手が撫で回しはじめたのです。

ぼくの横側は倉庫の壁のはずなのに、そのテントの壁も無数の手が撫でていて、怖くて怖くて声も出ません。

いや声を出したら中に入られると3人とも感じていたのでしょうか、誰ひとり声を出しません。

あまりの恐怖に直面すると変な防衛本能が働くのでしょう、「ここは、寝ないと、寝ないと」とテントを揺さぶられるなか無理やり目を閉じ寝ることに。

翌朝は天気が良くなり、目覚めた3人は、あの手って……、と恐怖に引きつっていました。

怪 その五十五

顔のない男の子

私が中学の頃のお話です。

授業中にオサボリをして、授業を聞くふりをして廊下側の窓を眺めておりました。

すると窓のところに、顔のない男の子がいて、開いている窓のサッシに手をかけて授業の様子を眺めていました。

窓の近くにいるのは私の友人だったのですが、まったくその男の子のことを気にする訳でもなく、黙々と授業を受け続けていました。

なんで気づかないんだろう、と思って授業が終わると、その友人に
「ねぇ、そこの窓に男の子が立ってたよね？」

って聞いたんですが、その友人は一言私に
「そんな男の子はいなかったよ」と言いました。

私は怖くなって別の友人に同じ質問をしました。

するとその友人は、その男の子が見えたといいました。

私たちふたりには見えた男の子が、なぜ一番近くにいた友人には見えなかったんでしょうか……。

今でも謎です。

怪 その五十六　息子の引っ越し

私はかれこれ30年ほど、トラックドライバーをしています。

この業界にも心霊体験談は溢れていますが、たいていは深夜のドライブ中のことですよね。

しかし私は時間に関係なく、不思議な体験を頻繁にしています。

ある夏の日の午後、会社から急な転勤命令を受けて引っ越しをすることになった青年の、単身引っ越しパック業務を受けました。

28歳の独身男性には、冷蔵庫や洗濯機以外に大きな荷物はなく、彼の母親が手伝いに来ていたこともあり、一時間ほどで積み込みは終わりました。

荷物を傷めないように毛布をかけ、お決まりの緩衝材を当てて固定を終え、荷台から降りようと振り返った時、トラックの下に、50代後半くらいに見える男性が立っていました。

じっと私を見上げていたので、「何か？」と声をかけると、彼は深々とお辞儀をし、

「よろしくお願いします」

……と言いながら、忽然と姿を消しました。

そう言えば、今日のお客さんとそっくりな顔をしていたなぁと……、たぶん、青年の亡くなったお父さんなんですよ。

死んでからもずっと息子を見守り、ちゃんと父親をやっているんです。

心の中で、「お任せ下さい、ご心配なく」と呟き、出発いたしました。

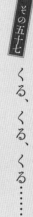

怪 その五十七　くる、くる、くる……

20数年前に、高校時代の同級生本人から聞いた話です。

彼の家庭では彼のおばあさんと彼だけ、霊感が強かったそうです。

彼の家は大きな湖の近くの水田地帯の集落にあり、近くに幹線道路が通り、集落から幹線道路に、村道が一本延びていました。

周辺では唯一の信号機が、その村道と幹線道路がつくるT字路の部分にあったとのこと。

ある日の夜中、そのT字路のほうでドーンという大きな音がして、友人は目が覚めたそうです。

なんだろうと思い、2階にある自分の部屋の窓からT字路の方を見てみると、車が衝突しているのが見えます。

見ているうちに、なんだか嫌な感じがしてきたので、布団に戻ろうとしたのですが、体が動かない。

すると、T字路のほうから、何かがすごいスピードで彼に向かって飛んでくるのを、見えないけれども感じたそうです。

くる、くる、くる……

でも、体は動きません。

くる、くる、くる……

きたっ
その瞬間、体がズンと重く冷たくなり、すごく苦しくなったそうです。

苦しい、死んでしまいそうなくらい苦しい、もう死んでしまう……と思うのですが、何もできなかったそうです。

そこへ、霊感の強いおばあさんがあわてて駆けつけ、名前を大声で呼びながら彼を揺さぶっているうちに、入っていたものが出て行ったそうです。

おばあさんが言うには、おばあさんも交差点で大きな音がした瞬間からその存在を感じ、それがこちらの方へやってきたのがわかり、孫に何か……と思い階下から急いでかけつけたとのこと。

揺さぶっている間、彼の体は冷たく、両眼ともに開いていたそうです。

翌日、その事故で男性一名が亡くなったことがわかったそうです。

怪 その五十八　信じていなくても

小学校5年生のことです。

そのころ、「こっくりさん」という遊びがはやりました。

紙に五十音と濁点、句読点などと、真ん中に鳥居を書いて、そこに10円玉を置いて、3人でその上に指を載せます。

こっくりさん、こっくりさん、と呼びかけ、質問をします。

すると、10円玉が動いて五十音の字の上に止まることで、質問に答えてくれる、というものです。

たしか、こっくりさんとはキツネのことで、キツネに聞くというものだったと思います。

霊の存在は受け入れつつも、ちょっと理屈屋の私は、ぜったい誰かが10円玉を動かしている、と、この遊びには否定的でした。

「ぜったい、こっくりさんが動かしている」と主張してやまない友人たちに、私が入れば、動かすのは他のふたりの内どちらかってことだから、動かしている人が分かるに違いない、と思い、参加してみることにした時のことです。

何を質問したかは忘れてしまいました。

10円玉は、なぜか動いて行きます。

「じ・が」となりました。

なんだ、やっぱり信じない人が入ると、返事にならないじゃない。と、集団心理というか、雰囲気にのせられることを証明したようなつもりでした。

続けて、「な・い」。

「じ・が・な・い」です。

なにこれ、とみんなでじっと紙を見ていました。

すると気づいてしまったのです。

「ま行」が抜けていたことを。

ぞわっと鳥肌が立ちました。

誰かが

「ま行が抜けているよ！」

と言ったとたん、周りの草木を急にざわっと風が吹き抜けてゆきました。

それ以来、こっくりさんをする人はいなくなりました。

今でもその風の音を覚えています。

素朴な小学生には、こんな手の込んだいたずらは思いつけなかったと思います。

怪 その五十九　それぞれの姿で

救命士である父の身に起こった出来事です。

救命士とは、救急車で病人やけが人を運ぶお仕事です。

ある日も通報があり、父と若い隊員ふたりで出動しました。

そこは古い一軒家で、玄関を入ってすぐに廊下があり、手前にリビングの入り口、奥に和室があるつくりでした。

入ってすぐに嫌な気配を感じた父が、奥の和室へ目をやるとふすまが少しだけ開いていています。

その隙間から、大人の男性が横たわって寝ているのが見えました。

父は、一家の一大事に手伝いもせずに寝てるなんて、とムッとしたそうです。

ちなみに通報をしてきたのはその家に住むご夫婦で、娘さんがリビングのテーブルの前に倒れていました。

3人でてきぱき娘さんを運びだし、病院へ連れて行きました。

無事に搬送が済み、談笑していると、父は和室にいた男のことを思い出したので、他の隊員に話しました。

でもふたりは首をかしげて「そんな男は見てない」と言います。

父によると、その時は、偶然見なかっただけかもしれない…、程度の気持ちだったそうです。

するとと別の隊員が、

「それを言うなら、リビングの奥に突っ立って手伝おうともしない男のほうが、頭に来ましたよ！」

と言うのです。

しかし父ともうひとりは、娘さんの倒れていた部屋でそんな男なんて見ていません。

そこでもうひとりの隊員に「おまえは何か見たか？」と尋ねました。

「ぼくは、和室の男もリビングの男も見てません。でも、娘さんが倒れていたテーブルの上に大きな骨壷と遺影が置かれていたので、変な家だなと思ってました」

もちろん父をふくむ残りのふたりは骨壷や遺影などは、見ていません。

幽霊や怪談の類をいっさい信じない父が体験した、人生で初めての怪奇現象でした。

怪 その六十 せまいシングルルーム

いとこが出張で安いビジネスホテルに泊まった時のこと。

そっけないひとり部屋（シングルルーム）で、他に誰も入れないくらいに狭かったそうです。

いとこの疲れはピークで、翌朝が早いこともあり、すぐに眠ってしまいました。

少しすると、誰かがドアを叩きました。とても激しく、何度も叩いています。

びっくりして起き上がり、ドアの覗き穴から外を見たのですが、誰もいない。

酔っ払いか、いたずらかと思い、再びベッドに横になり、寝たそうです。

また少しするとドアを誰かが叩く。

しかし覗くと誰もいない、というのが3回ほど続きました。

あまりにもしつこいので腹が立ち、次に来たら捕まえてやろうと、眠いのを我慢してドアの前で待っていました。

しばらく待っていると誰かが激しくドアを叩きました。

いとこが勢いよくドアを開けると、そこには誰もいません。

部屋を変えてもらおうかと思ったそうですが、眠気に勝てず、再び眠ることにしました。

そこからはドアを叩く音はぱったりと止み、ゆっくりと眠れたそうです。

翌日、チェックアウトする時に、このホテルで昔何かあったのか、フロントの人から20年近く清掃をやっているおじさんを紹介してもらい、話を聞いたそうです。

おじさんによると、以前そのホテルでは大きな火災があり、大勢の人が亡くなった。いとこのいた階から出火したそうで、いとこが泊まった部屋のあたりは特にひどかったのだとか。

いとこは、きっと部屋の中に取り残された家族か恋人かがいて、助けたいがために、ドアを叩いていたのだろう、と私に話しました。

その話を聞いてなるほどと納得しました。

しかしいとこが帰った後、私はホテルの話を思い出した時に何か違和感を感じました。

「取り残された家族」の部分でした。

いとこの泊まった部屋は一人部屋です。

他に誰も入れないような狭い部屋、とも言っていました。

なんだ、怖がらせるための作り話か、と思いました。

しかしもやもやした話が嫌いないとこは、嘘や冗談ならば最後に必ずネタばらしをします。

いとこにしては珍しいなあ、と思いました。

この話を後日友人に話したら、

「それ、部屋に入りたかったんじゃなくて、出たかったんじゃないかな」

と言われました。

何者かが、いとこが覗き穴を覗いている隣でずっとドアを叩き続けているのを想像して、ぞっとしました。

いとこは次の土曜に来ると言っているのですが、このことを伝えるべきかどうか、迷っています。

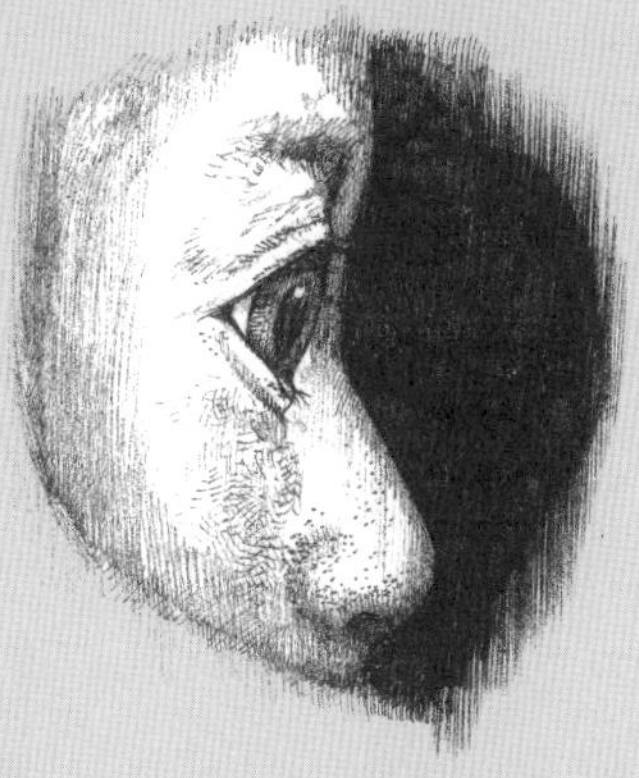

怪、番外編

トントンさん

これは「ほぼ日の怪談」で、はじめて取材をした記事です。

読者からのメールをきっかけに、「怪談」の現場を訪れ、いただいたそのメールと、当事者の方々にうかがったお話をほぼそのまま掲載しました。

不思議だけれどもただ怖いのとは違う、切ない感じすらする、不思議な読後感を残す記事となり、掲載後、大きな反響がありました。

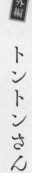

2月といえば、寒い日々。8月が恒例の「ほぼ日」コンテンツ「ほぼ日の怪談」とは真逆の時期です。その2月、一通のメールがほぼ日刊イトイ新聞に届きました。

「ほぼ日」では投稿や感想のメールはいつでも、1年中募集しているので、別に不思議ではありません。でも「怪談」ならば、時期はずれであることは、間違いありません。ともあれ、そのメールは、こんな内容でした。

✉

はじめまして。京都市在住のK子と申します。

夏に募集されていた怪談話にでも応募させていただこうかと思っていましたが、少しニュアンスが異なる話なので、どことはなく、送らせていただきました。文章が苦手なもので長くなってしまうかと思いますが、ご了承下さい。何回かに分けて送ります。

『この世は目に見えるものだけが全てじゃないんだ』と、何かのドラマの台詞にありましたが、正にそんな実体験です。

主人公は長野県上田市在住の私の母（以下、ばあちゃんと書きます）と、孫にあたる私の娘（S子）です。娘は小学校低学年の頃より、毎年の様に京都からばあちゃん宅にひとりで遊びに行っていました。

小学3年生の春休み、いつもの様に寝室でばあちゃんの得意なおもしろい小話や童話を聞いて、きゃっきゃとふたりして笑い転げて騒いでいたら、ガサガサッ、ガタガタッとあちらこちらで音がしてS子は「怖い〜っ」とばあちゃんにしがみついたそうです。でもばあちゃんは、その時はネズミかな？　と思ったそうです。

これが始まりでした。

たしかに、不思議な話ですが、ここでメールが終わっていたのでちょっと「?」な気持ちでした。メールは実名で書いてくださっているようで、疑うわけではないのですが、連作の投稿は「ほぼ日の怪談」では見たことがなく、この時は「へぇ〜」と思って、終わりました。

そして翌日、2通目が届きました。さらにその3日後、3通目。その翌々日に、4通目……。

✉

続きです。

ばあちゃんの住居は、築百年以上経つ親戚の家（母屋）の敷地内にあり、昔、お蚕さんを飼っていた場所を改装した家です。

その音はやがて、枕元の畳をトントン叩くようになっていました。が、ばあちゃんはどういう訳か怖いと思わず、S子はS子で、ばあちゃんが楽しくしていたから怖くなかった、とのこと。

毎夜、S子とばあちゃんがふたりで騒いでいるうちに、ばあちゃんの歌（童謡やトルコ行進曲など）にリズムを合わせトントン叩くようになり、ばあちゃんが問いかけると、「はい」のときは「トンッ」と畳を叩いて答えるようになりました。答えが違う時には畳を「ザザッ」と擦ります。

最初のうちは夜寝るとトントンとして、遊んで、という感じだったそうですが、次第に昼間でも、気配を感じるようになったそうです。

ばあちゃんが、ある昼間、冗談で「干して洗濯物をたたんでくれる？」と言い、しばらくして洗濯物を見ると、ばあちゃんのパジャマの袖と身頃が、クルンと縛ってあったとか。それから、ある時には、居間のカーテンやのれんが、きれいに一重に縛ってあったり、茶箪笥の引出し3つが階段状に段々に空いていたり、不思議な現象が続いたそうです。極めつけは、大きな重いちゃぶ台の上の板部分がガタガタいったかと思うと、グイグイと回りはじめ、ばあちゃんもS子も「ヒャーヒャーッ！」と言いながら、びっくりして見ていたそうです。縛ったりするのは、見ているとしないそうです。

続きます。

✉

続きです。

この話は娘のS子が小学生から中学生の頃の出来事で、ばあちゃんは60歳代でした。春休み、夏休み、冬休みと、S子がばあちゃん宅にいる時に限り、この不思議な現象（トントンさんと名付けます）が起こりました。

その他の時期に起こらないのは、ばあちゃんが「S子ちゃんが帰ったら、怖いし、出ないでね」とトントンさんにお願いしていたからだそうです。

隣の母屋にはその頃、ばあちゃんの姉と息子ひとり、その息子の子供ふたり（S子より少し歳上の男の子）が居ました。ばあちゃんがこのことを話し、現場を目撃（？）したのは、母屋では息子とその子供のふたりの男の子で、つまり3人います。

　ある夜、ばあちゃんが大切に持っている二段のハーモニカを披露し、枕元に置いておくと、押入れの中の方からフーフーとハーモニカを吹く音がしたそうです。下手だったので見本を吹いてやると、またしばらくしたら吹く音がして、次第に音が出るようになり、終いには婆ちゃんが吹く「ふるさと」や「浜千鳥」なども、上手に吹いたそうです。さらにばあちゃんのまったく知らない「結婚行進曲」やチャルメラの音階まで吹いてみせたと言います。

　あとから、ハーモニカをトントンさんが吹いている時、枕元に置いたハーモニカはどうなっているの？　と聞きました。

　答えは、その時ハーモニカは、無くなっているそうです。

　続く。

✉

続きです。

トントンさんが返事を返してくれる事が分かった時、ばあちゃんは質問をしました。

—男なの？

—女なの？

—いくつなの？

—どこから来たの？

など。でもその問いかけには何も答えなかったそうです。

　夏のお盆には毎年、近くでお祭りや花市、花火があります。ある年、ばあちゃんとS子は、自転車で出掛けました。ひとしきり楽しんでの帰り、夕立にあい、ずぶ濡れになって帰宅。そして母屋の仏壇に御参りしました。

その夜、寝床で婆ちゃんはトントンさんに尋ねました。

—花火見た？

トン。

—何発上がった？

トントントントントン……。

—雨に降られたけど濡れなかった？

トン。

—どこにいたの？　頭の上？

ザザッ。

—荷物のカゴ？

ザザッ。

—帽子？


トン。

—帽子の中？

トン。

トントンさんはばあちゃんの頭と帽子の間に居て、一緒に付いて来てたみたい、とばあちゃんは話しました。

また、お仏壇に御供えした線香の本数も、提灯の数も当てたと。お祭りで屋台があったので、

—焼き鳥は好き？　と聞くと、トン。

—お寿司は？　ザザッ。

—お腹空かないの？　トン。

またある夜、枕元にいつも置いている小さな懐中電灯が、勝手に点いたり消えたりしながら、あちらこちらを照らしたそうです。

布団の中でも点いたので、布団を捲ると、懐中電灯はS子のお腹辺りに立っていてパタンと倒れたと……。

また壁に掛けてあった布団叩きで寝ている布団の上を叩いてきたこともあり、ばあちゃんはさすがにこれは危ないと思い、薄明かりの中、布団叩きを掴むと、向こうからも、引っ張られたそうです。その力は今でも覚えている、と……。

続く。

✉

続きです。

ばあちゃん宅の間取りは、玄関を入ったところがキッチンで、右側にリビング、その奥に二間、仏間と寝室があります。

ある昼間、ばあちゃんがキッチンに立っていると、仏間の方から、ばあちゃんが作ったお手玉や小豆が入った小さな枕などが飛んで来たそうです。他に、S子の文房具なども。S子もそれを見ています。

また長細い紐状の物を置いておくと、きれいに編んであったりもしました。ばあちゃんは、自分はそんな結び方は見たことがないし、自分でも出来ない、と証言していました。ばあちゃんが近所の友だちにその話をしたところ、二人が紐を数本持って、家にやって来ました。寝室でごろ寝して紐を頭上に置き、ばあちゃんはトントンさんにお願いしました。

「紐、結んでくれる?」

ほんの数分すると、いつもの様に編まれ、

紐が帰って来ます。ポーンと飛んで来るそうです。

友人たちはびっくりしていましたが、おもしろがってその後も2、3回、違う友人も連れて、たくさんの紐を持参し、結んでもらって、その紐を持ち帰ったそうです。

ばあちゃんは今、その結んでもらったものを2つ、大切に持っています。ひとつは腰紐で、もうひとつはエプロン。腰紐は去年、私が持ち帰り今自宅に保管しています
そのばあちゃんの友だちは今でも、「TVでやってるものよりか、ずーっと不思議だったよねー」と、たまに会うと言うそうです。

私は実際にお会いしたことがないので、次回ぜひ話を聞いて、そして結ばれた紐を見せていただきたいと思っています。

続く。

✉

続きです。

こんなこともありました。

ばあちゃんが冗談で、「肩を揉んでくれる?」と言ったところ、グッ、と肩になにやら力が加わったので、ばあちゃんは一瞬怖くなり、「あっもういいよ」と言ってしまいました。その感触は、長い指だけど、大きくてゴツゴツした手の様な感じだったそうです。

……以上、多々矛盾点もあるかと思いますが、昨年の夏にわたしがばあちゃんから、あらためて聞いた話の、概要です。

私はこの話を、7年ほど前に娘S子と訪れた時、ばあちゃんがしきりと騒いでいたにもかかわらず、まったく信じていませんでした。昨年、母屋に帰郷していた従姉妹が「でるかい？」とばあちゃんに聞いてきたことがきっかけで、じっくり聞いてみよう、と思いました。

7年前のその時は、トントンさんは現れていたのです。私が唯一聞いたのは、寝室ではあちゃんの問いかけに、畳の、枕の上の方をトントン、と叩く音です。あまりにもリアルだったので、わたしは、横にいるS子がしていると思い、気にも留めませんでした。ばあちゃんいわく、その期間、「あんたが疑ってたから、トントンさんにはあまり構わずにいた」とのことでした。

昨年で、娘のS子も、21歳になりました。7年前行ってから昨年までは、娘も学校のクラブなどで忙しく、一度もばあちゃん宅を訪れることはありませんでした。

この不思議なトントンさんの存在は、何だったのでしょうか？

座敷童？

妖怪？

霊？

昔から、目に見えないふしぎな現象が起きた時、人はその様に名づけ納得してきたのかな？　と思います。

トントンさんは、ばあちゃんとS子が楽しく遊んでいたから、ただ仲間に入りたくて、一緒に遊びたくて現れた何か、です。

7年前の夏、私とS子がばあちゃんちか

ら帰った時、ばあちゃんはトントンさんに言いました。

—怖いから、もう出ないでね。

「トン」

それっきりだそうです。

おしまい。最後に今一度、全て実話です。

「おしまい。」の文字を見ても、夢のなかにいるような気分が続いていました。

約7年前まで、長野県で暮らすお母さまのところへ孫娘が遊びに来ると、音などを使って現れる、「トントンさん」。

理由や因果関係は、いただいたメールからはわかりません。でも、こんなにはっきりと連続して続いていたということ、トントンさんからの応答があったということなど、気になることがたくさんありました

K子さんからはさらに、「結んだ紐の写真があるのだけど、送りましょうか？」と提案があったので、その画像を、メールで送ってもらうことにしました。

その結ばれた紐が、こちらです。元は、編んだりしていない、一本の長い腰紐だそうです。

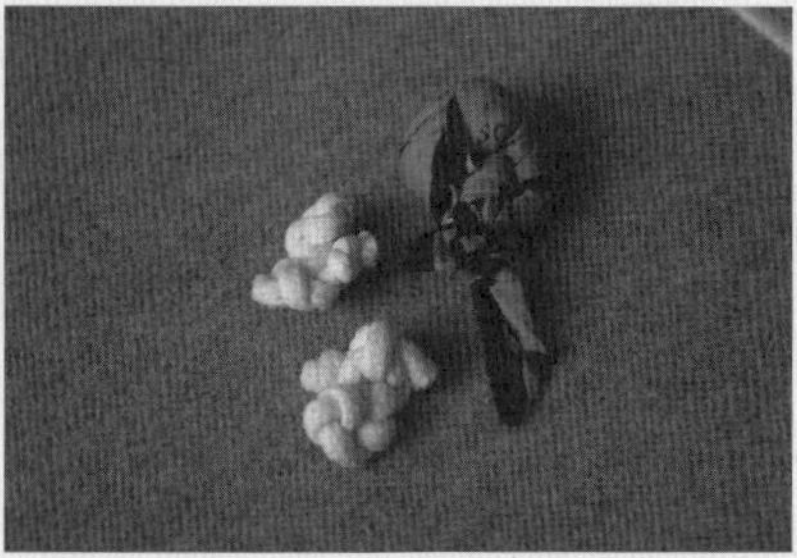

――そして。

いままで、いただいた投稿をご紹介するばかりだった「ほぼ日の怪談」ですが、一連のメールを読んだ社内から、提案が上がりました。

「もっとお話を聞いてみてはどうかな。この、トントンさんのいた場所で。」

会いに行く? 「ほぼ日の怪談」の投稿に対して、実際に、現場へ行ってみる? 担当であるわたし(斉藤)にとって、まさかのことでした。まだふしぎな気持ちのまま投稿者のK子さんに申し入れをしたところ、お母さまと相談してくださり、取材することに、同意してくださいました。

そして、6月の末、暑さを感じはじめ

たころ、わたしと、写真撮影を担当する岡村は、長野県の上田へ向かいました。

長野県上田市は青空が広がる良い天気で、目的の家は、遠くに山並が連々と続き、目の前に田んぼの広がる開けた気持ちのよい風景の中にありました。

迎えてくださったのは、母屋の敷地の中にある、蚕部屋だったところを改造した平屋におひとりでお住まいの「ばあちゃん」ことお母さまと、メールをくださったK子さん、今は成人した、娘のS子さんです。

――

「今日はありがとうございます。K子さん、S子さんには京都からいらしていただいて、すみません」

K子さん「いえいえ、こんなところまで来てもらって」

――「案外近かったです。このあたりは、上田城の城跡とか史跡もいろいろあるんですね」

お母さま「ええ、ほかに武田信玄に滅ぼされた城もあって、上田の合戦もあってね。私、歴史が好きなので」

――「うしろの母屋は、築80年だそうですね。蔵もあって。歴史のある感じがしました。

……あのう、最後にそのことがあったのが、7、8年前とのことですが」

お母さま「17、8年ね。平成のね」

——「その前から、S子さんは、よくひとりでここに来てたんですか？　京都から」

お母さま「うん、京都からね。春休み、夏休み、冬休み、全部来てたんです。で、私と2人で騒いでるの（笑）。楽しくして、寝て、喋ってたら、枕元で、（畳を叩きながら）トントン、トントン、スットントンとこう」

——「あれ、そんな大きな音なんですか」

お母さま「大きな音なんですよ」（指を立てて、畳を強く叩く。ドンドン、ドドドン！）

——「ええっ？」

お母さま「その畳をね、（ドンドン叩く）、こんな音ですよ。すごく大きくて、すごい近い。それから、もう、ザザザーってやるの。畳をザザザーって。畳だけじゃなくて戸も叩くし、開けちゃうし。元気よく、パンパン、開けちゃうですよ。私、戸が開いてるの知らないで、転んだんですよ、だから（笑）」

——「ええっ（笑）。」

お母さま「私たちが後ろ向いてる時にやるんですよ、いたずらは。この引き出しがきれいにこう、段々に開いてたっていう引き出し。カーテンも全部括ってね、私、やろうと思っても、できないですよ。きれいに、こう括ってね。『ばあちゃん、なんだか、明るいよ』って言うからパッと見たら、括ってあるの。笑いましたよ」

——「このちゃぶ台、もしかして……」

お母さま「これ、回るの、知らなかったの。2人でね、そこで向き合って、テレビ見てたら、お茶が、ガチャガチャ言うんです。『あ、あ、あ、あ』って言って。知らなかった、それまでね、上が回るの（笑）」

――「はぁ～」

お母さま「でもね、この家に何かいるとかではないんです」

――「はぁ～……え？」

お母さま「ここは、蚕飼ったりね、物置にしたりしてたお家で。特別変なことがあった場所だとか、そんなのないし、母屋の方でも、誰か不幸な亡くなり方をしたとか、ないんです。だから、S子とわたしの、気の持ち方が原因かと思うんですよ。どうも2人の間の」

K子さん「新事実が発覚しまして」

――「えっ、えっ？」

K子さん「一番最初に、母が、うちの、京都の私の家に来た時に、そこからはじまったらしいんです。私も知らなくて」

お母さま「私は上田から京都へ嫁いで、K子が生まれて、この人は京都育ちです。10年くらいまえに、私はひとりで、姉が母屋にいるここへ、戻ったんです。そのあと、京都に遊びに行った時、S子とバドミントンをしていたら、小石がパラパラ降ってきて」

S子さん「瓦があって、屋根の上から小石が、コロコロ落ちてきたり」

お母さま「『S子ちゃん、散歩行こう』って、行くとね、私の背中に、こんな大きな石がね、当たって、ポトン、ポトンと落ちるんです」

――「それは危なくないんですか？」

お母さま「ポーンと来て、ポンと当たって、落ちるだけ。全然、痛くない」

S子さん「私も、頭に当たったで」

お母さま「家からね、角を曲がるまで、100メートルくらい、何回も。2人でいるとき。上を見たら2階にいる人がいて、石が落ちてくるんですよ、って言ったら、『カラスじゃないですか』って」

S子さん「いっぱい石が落ちてきたから、掃除したたん、覚えてる」

――「はじまりは、京都だった」

お母さま「それからS子が上田へ遊びに来るようになって、最初は、音がして、ネズミかなって、『キャー』って。京都から私が連れてきたのか、S子ちゃんについてきたのか。『座敷童かな』なんてね、S子ちゃんとはね、遊んでたのね」

K子さん「私は京都の時も、なんか言ってるなあ、と思ってたぐらいで、S子がやってるんだろうと思ってました。で、7年前にS子と上田へ遊びに来て、その時もふたりが夜、和室で『キャー、キャー』騒いでいる時も、うるさいなあって、こっち（応接間）でテレビを見てて」

お母さま「だってあなた、聞かないから。でもほんとうに不思議だった。花火の時の話、見てたって言うから、『太鼓叩いてたの、何人いた？』って言ったら、『15人』、トントン、トントン、って、ほんとにちゃんと、

15人いたんですって。それから、わたしのお友だちの年を聞いたら、知ってるの、年。お友だちの。私はいつも遊んでてね、でも知らなかったんだけど、その人を知ってて、ちゃんと年を。別所温泉に行った時も、ちゃんとついて来るみたいで、帰ってからね、『洗う所いくつあった?』って言ったら、『4つあった』って、トントントントンって。『お風呂入った?』って言ったら、『入らない』って言うの」

S子さん「布団が、こう、寝てて、被さったのは覚えてる、下からこう、パーッてなったのは覚えてる」

お母さま「そうそう、布団を。あと布団の中で懐中電灯、パッと点けて、パッと天井照らして、パッパパッパッて、夜中にやるの。そのうちにね、今度、お布団の中に入れてね、パッパパッパッてね、S子ちゃんの足元の辺でやるわけ。笑いましたよ。じっと見てたら、パッタンって倒れたね」

S子さん「うん」

お母さま「それはあっち（母屋）の方からも見えたって」

K子さん「1回だけ、ここで、母の枕のこで、ポンって鳴ったのは聞いたんですけど。S子がやってると思って」

——「布団たたきで、叩かれたとか」

お母さま「その、かけてあるのがね。わたしを叩くの。」

——「これですか? あのー、ほんとに、布団たたきですね。すみません、なんというか、なんて言えばいいか、まとまりがつかなくて」

お母さま「私だって、もう何しゃべっていいか、わけわからない（笑）。あそこにあるクッションがポンポン飛んできたり、わたしが台所にいると。ここまで飛んでくるんです。投げてくるの。S子ちゃんはここにいるの。で、『今日は、S子ちゃん、京都に帰るからね』って言ったら、やたらと」

K子さん「嫌なんだ、きっと。寂しくなるから」

お母さま「『行くな』っていうことか、なんかね、ポンポン投げてきてね。こんな枕も投げたね。今、出してないけど、実際ね。どういうことだかね、わからない。私も霊感がないし。そういうことを信じてもないし」

――「信じてもいない」

お母さま「でもこの子がね、6年と、中1、中2くらいまで、来たね」

S子さん「うん」

お母さま「春、夏、秋、冬、来た。そのたび、やるの。でもね、不思議と怖くなかった」

この他にも、たくさんのエピソードが語られます。

酔っぱらいが嫌いらしく、家に来て帰ったあと、お手玉をポンポン投げたこと、お母さまの髪の毛がぐーっと引っ張られて、その髪がぴーんと伸びているのをS子さん

が見ていたこと、時計や靴下が飛んできたこと、足し算や引き算をしたこと、好きな食べものを聞いたこと、など、など……。

お話をうかがったのは昼間で、外は明るい光りが溢れ、家の中も電灯をつけなくてじゅうぶんに明るいくらいでした。

さらに、お母さまと孫のS子さんはもちろん、娘であり母であるK子さんもふくめて3人はとても仲が良いことが感じられました。

わたしは、なにか楽しい感じすらしてきました。

しかし、実際にその場にある畳やテーブル、クッション、布団叩き、カーテン、などなど……。ふと、目に入るたび、かすかに肌がちりちりと粟立つようでした。

〝はじめから、この場所で起こったのではなかった。〟

最初にもらったメールを読んだ時から、「これは、昔の人が名づけたところの、あの有名な『座敷わらし』ではないか？」というひっそりとした予想は、はずれたようです。とはいえ本来、座敷わらしそのものも未確認のものなので、当たる、はずれる、という問題ではないのですが。

やはり、すでに名づけられたものへおさめて、安心したい気持ちが、自分にはあったようです。

不思議さを増しながら、それでもどこか、楽しかった思い出のように、仲の良い3世代の家族、母、娘、孫の話は、続きました。

、トントンって返事があって、話してるとて、『あの人、変になっちゃった？』と思われるでしょう？　ひとりでしゃべってる』と思われるでしょう？　だけど、S子ちゃんがいたからね、私もしゃべったの。もっともっとしゃべりたいけど、でも、私も頭、変になったら、困るしね。そんなもんとしゃべってて」

――「そうなっちゃうんじゃないかっていう怖さもあったんですか？」
お母さま「ちょっとあったね。それで呼んできたの、友だちを、ここの。みんなで体験してるの」
――「あの、画像を送っていただいた、
腰紐ですか。」
K子さん「これがその紐で」
お母さま「それ、私の腰紐ね」
K子さん「これが、エプロンなんですけど」
――「エプロン？　団子のようになってますが……」
K子さん「これとこれだけ、今、母が持ってます。同じ人がやったような感じですね。
（ほかの結ばれた紐やハンカチなどは、今回の取材のために、お友だちからお預かりしていただきました。）」
お母さま「結んで、投げてくるんです。だからね、友だちに、『来て。私、頭が変だと思われたら嫌だから、ちょっと、あなた、見て』って言って。そうしたら、お友だちも、3回くらい来たの。そして、これ持ってきて、みんなキャーキャー、キャーキャー、最初は怖がってたけど、また、別のお友だち連れて来て。『また体験させて』って言ってね、来て、やっていくの」

――「K子さんは、そこまでとは、知らなかったと。お話を聞いてた時は、どう処理してたんですか？　その、信じなかった頃は」

K子さん「信じなかった頃は、気にもせず、何も。もう、ちょっと聞いてすぐ、S子だって。この子がやってると思って（笑）、疑いをかけて」

――「S子さんも、『じゃあ、まぁいいや』みたいな感じだったんですか？」

S子さん「ママ、聞かへんもん」

K子さん「最初から、そういう感じやったので、『ママ、聞いて』と、『こんなことがあった』っていうふうには言わなかったので」

お母さま「『怖いよ』って言わないしね、全然みたいよ、この子は」

――「それが、何かのはずみで聞き始めたんですよね」

K子さん「聞いてたんですね、いとこのお姉ちゃんは、信じてて。で、そのお姉ちゃんが一昨年来て、『何か出るかい？』って聞くので、『えぇ？　ほんまやったんかな』と思って。で、ちょっと確かめようと思って、聞いたら、まぁ言うわ、言うわ（笑）。もう堰を切ったように」

お母さま「言うわ、言うわ、もう。前は『あかん言うから』って言って怒ってたもん。ついね、しゃべって、夢中で。あんまりにもいろんなことがありすぎて」
K子さん「それで、ちょっと落ち着いて聞けたので、そこで、『本当やったんかなぁ』と思って」
――「へぇー」
お母さま「それが、子どもは、案外、さっぱりしてるのね。不思議がらないのよね。でも、向こう（母屋）の子どももそう。チャンチャカ、チャンチャカ、一晩中一緒にやってたのに、もう次の日、ケロッとして、何も言わん」
――「そうなんですか！」
お母さま「私ら、不思議で不思議で（笑）。誰かに聞いて、笑われるかなぁと思ってね。この人（K子さん）は『S子がやってる』とかね。この人、いつまででも起きてるから。あっちで、テレビとか見たりしてるから」
S子さん「『うるさい、うるさい』って言ってな」
お母さま「うるさかってんもん（笑）。キャッキャ、キャッキャ、やってる時」
S子さん「『テレビが聞こえへん』みたいな」
K子さん「2人でさ、キャーキャー言ってるんでね。本当、ギャーギャーうるさくしてた時も、『もう、うるさい』って怒ったことがあります」
お母さま「S子ちゃん、もう夜、布団入ったら、トントンって。で、タラララン、タラララン、ってしてして。そうしたら、ギーッて、ものすごい音で叩くんですよ、そこを。私の歌を真似して、チチチチ、タタタタって。S子ちゃんが『ばあちゃん、終わらないよ』って言うんですよ」

――「なんか楽しかった感じがします、その時」

お母さま「私らのあれは、怖いことも怖いけど、そんなに怖くないね、全然」

――「そうなんですよね」

お母さま「遊んでるのと一緒で。楽しんでるみたい、向こうも、こっちもね。この子がいたから。不思議ね」

――「何かを伝えるとか、教えるとかじゃなくて」

K子さん「それじゃないですよね」

お母さま「ただ、遊んでる感じでしょ？先祖がね、なにか教えてくれたとか、そんなんじゃないもんね。で、うちに、そんなような先祖もいないし」

――「話をうかがってると、だから、なんかこう、純粋なものを感じますね。遊びたいというか、なんか、ただある感じが」

お母さま「そうかしらね。ただ遊びたいっていうかね。すごいもう、遊んでたね。引き出しを、階段みたいに開けたり、わたしの歌に合わせて、トントン叩いたり。言ってる本人が、わけわからないけど（笑）。本当に、毎晩だったもんね。毎日、毎晩ね、遊んでたね」

――「もし、今また何かあったら、聞いてみたいこととかありますか？」

お母さま「聞いてみたいことねぇ……、別にね。こっちもないし、向こうも（笑）、目的ないんじゃないの？　ねぇ。不思議だわ。ただ、不思議で不思議でね」

――「そうですね」

K子さん「昨日も呼んでみてんけど、出ぇへんかった（笑）」

――「あ、あ、呼んでみたんですか？」

お母さま「そんなわけないですよ」

――「そうですね。約束したんですもんね」

お母さま「そう、私も怖かったからね、『ひとりになったら、出ないでね』って言ったらね、『うん』って、こう（トンと畳を叩く）したの。それっきり、出ない」

――「これから、また何かあるかもしれないですけどね」

お母さま「どういうタイミングだったかね。S子ちゃんが子どもだったからかな。ほんとうに、何も知らんでね、騒いでたから、ふたりで」

――「ずっとおふたりは仲良しなんですね」

S子さん「はい」

　インタビューを終え、おうちの写真を取らせていただき、お母さま、K子さん、S子さんと記念撮影をして、辞したわたしたちでした。

　不思議さは、募るばかりで晴れることはまったくありませんでしたが、『そういうことはあるんだ。』と、強く、感じました。

　K子さんにいただいたメールのことば

が何度も浮かんできました。

〝トントンさんは、ばあちゃんとS子が楽しく遊んでいたから、ただ仲間に入りたくて、一緒に遊びたくて現れた何か、です。〟

目的も、理由もない、純な、なにか。

そういうものがあるのだと、知りました。

〈おわり〉

怪 その六十一 ふすまの隙間から

この体験は、ぼくがまだ両親と布団を並べて寝ていた頃なので小学校低学年ぐらいではないかと思います。

小学生の頃は就寝時間が夜9時と決められていたので、その日も9時に布団に入りました。

ぼくの布団は和室の一番廊下側にあったのですが、その日なんとなく寝たくなかったぼくは遊びのつもりで、廊下につながるふすまを足で数センチだけ開けてみたのです。

何をするわけでもなく、「なんとなく」やっただけの行為ですが、ふすまが開いた次の瞬間、寝ているぼくと同じ目線の高さに、家にあるハサミを持った手首までの腕が、ニュッと出てきました。

出てきた腕は、まるで威嚇するようにそのハサミをチョキチョキとするではありませんか。

一瞬親のいたずらかと思いましたが、開けるか開けないかわからないふすまの向こうでハサミを持って準備しているわけもなく、親ではないと頭の中で認識した瞬間、急になんだか怖くなり、しかしふすまを閉める勇気もなかったので、ぼくはくるっと背を向けて「見なかった」ことにしました。

結局そのまま眠りに落ち、朝を迎えたわけですが、両親にハサミのいたずらをしたかと聞くのがなんとなく怖くて、かわりにハサミを探しました。

すると決まった場所にあるはずの、昨夜見たハサミがなくなっていました。

親にありかを聞いても「そこにないか？」というばかりでまるで知らない様子でした。

結局ハサミはその日から行方不明のままなのです。

それよりも不思議なのは、今思い出して気づいたことですが、いつもは明かりが付いてる廊下が真っ黒な闇だったことです。

怪 その六十二 誰も住んだことがない？

2006年の夏、家族で引越しをしました。

自分で下見をして2年契約で決めた3LDKのマンションでした。

マンションは新築で、大家の代理人の話によればまだ誰も住んだことがない、とのことでしたが、玄関の外と台所の戸棚の片隅にはお守りのような赤い袋がぶら下げてありました。

これらはきっと大家が付けたものだろうと思い、気にも留めませんでした。

ただ、部屋の中央にある小さい寝室とそのすぐ横にあるトイレは、まるで誰かがそこに長年住んでいるかのような不思議な雰囲気が漂っていました。

そして私たちが引っ越してからというもの、たて続けに仕事や家族にトラブルが起こりました。

また自宅に引いた固定電話は、取り付けてすぐひどい雑音が入るようになり、台所の瞬間湯沸かし器は、つけたとたん青白い火柱がこちらに向かって1m程噴き出してきた、ということもありました。

例のトイレはというと、ずっと〝ギギギギ……ギギギギ〟という何かがきしむ様な音が壁の奥から聞こえていました。

普段はほとんどそのトイレを使っていないにもかかわらず、そこからはまるで公衆トイレのような強い異臭がしてくる有様でした。

霊の存在を信じない私は、「きっとこの部屋は設計ミスでしかも設備不良がひどいのだろう」と思っていました。

引っ越してから1年半が過ぎたある日の昼、知人夫婦と一緒に台所で昼食の用意をしていました。

ふと私は背後に人の気配、それもそうとう大柄な人が立ちはだかる気配を感じて振り向きました。

でも私の真後ろには誰もいませんでした。

そういうことはそのマンションに住んでから度々あったので「また勘違いか」と思い、もちろん家族にも話しませんでした。

マンションの契約終了期間が間近に迫ったある日の夜、夫が、

「子どもたちには内緒だが、怖がらずに聞いてほしい。

ここには幽霊が住んでいる」

と神妙な顔で切り出しました。

夫の話ではそのマンションに住んで数か月後の深夜、リビングでくつろいでいる時、他の寝室へと続く通路に立っている半透明の男性と、目が合ったそうです。

半透明の男性は身長が１８０㎝以上あり、しかも通路をふさぐほどゴツい体型だったそうです。

そして立っていたところは、まさに例のトイレの前でした。

夫はその男がどうやら自分たちに直接危害を加えるわけではなさそうだ、と判断し、賃貸契約終了間近までずっと黙っていたのだそうです。

私が体験したことを話すと夫は驚きましたが
「同じ奴かもしれないな。

ずっと住んでるなら家賃半分払えよ」

などと冗談を言っていました。

やがて新居も決まり、2年間暮らしたマンションの退去手続きの日、私たちは初めて大家と顔をあわせました。

大家の姿を見て私たち夫婦は思わず顔を見合わせました。

なぜなら大家は、あの霊とそっくりのゴツイ体型でしたから。

その日、大家には部屋のたくさんの設備不良を訴えましたが、大家はその都度ただ、「ああ、わかっている」としか答えてはくれませんでした。

以上、私たち夫婦が本当に体験した話です。

怪 その六十三　靴は、入り口

私は、靴磨きをしているのですが、あるお客様の靴を磨いた時の話です。

そのお客様というのは、婚約中のおふたりで、紳士靴とハイヒールを一足ずつ、磨きに出されたのです。

私は、何の気なしに

「おふたりとも靴がお好きなんですか？」

と聞きました。

すると旦那さんが、

「この靴は彼女のではなくて、私の亡くなった母のなんですよ。それを彼女が履きたいと言いましてね。サイズも合うし、なにより母も喜ぶと思って」

と話してくれました。

終始おふたりともニコニコとされていて、私は、いい話だなぁ、とひとり感激していました。

遠方にお住まいでしたので、靴を預けて後日取りに来るということでその日はお帰りになりました。

次の日、お預かりしたハイヒールを磨いていると奇妙なことがおこりました。

仕上げをしようと、ハイヒールの中に左手を入れた瞬間、

ぞっ

と毛穴が開くような寒気が左手から頬まで「上がって」きたのです。

急いで手を引っ込めましたが、寒気はまったく引きませんでした。

恐る恐るもう一度手を入れてみましたが、今度はなんともありませんでした。

それから数回試したのですが、寒気はありませんでした。

お得意先の神主さんにお話したところ
「靴は外界との入り口だから、亡くなった持ち主が履いて『いる』こともあるんだ」

と教えてくれました。

後日、引き取りに来られた旦那さんにそのことをお話しすると、

「彼女には内密にお願いします。

彼女、怖がりだから」

その後、気になってお電話したところ何事もないそうなので、安心しました。

ただ、しばらくたって気づいたのですが、時々、私の左手だけ、とても冷たいことがあります。

怪 その六十四
仏壇の遺影を

夫が学生時代のときのことです。

もともと夫の実家は霊感の強い人が多く、死んだお爺さんが枕元に立ったのを泥棒と勘違いしたりなどの不思議な体験が多いのですが、夫自身も霊感があるようでこんな話をしてくれました。


その日夫は受験勉強が意外にはかどり、夜半から始めて、気づくと深夜になってしまっていました。

急にのどが渇いて、麦茶でも飲もうと夫は台所へ。

台所の隣は仏壇間です。

麦茶を飲んで人心地がつくと、微かな音が仏壇間からしてきます。

〝あぁ〟。霊感の強い夫はもう嫌な予感がしていたそうですが、好奇心には勝てず薄く開いたふすまの間から覗いてみると、明らかに家族でない人が仏壇を覗き込んでいます。

「カリカリ」

前かがみになって

「カリカリ」「カリカリ」

手を伸ばして

「カリカリ」「カリカリ」「カリカリ」

異常な空気を放ちながら、〝遺影をひっかいてるんだ!!〟夫は即座に分かったそうですが、あまりの異常な空気に、その日は気づかれないように上に行ってしまったそうです。

朝起きると、遺影と仏壇に供えてあった林檎が落っこちていて、〝一生懸命追っ払えばよかった〟と思ったそうですが、いまだに幽霊の放っていた異常な空気に、ぞっとするそうです。

怪 その六十五

「定員オーバーです。」

ちょうど、お盆の時期でした。

夏休みをとっている人も多かったので、会社はガラガラだったのですが、プレゼンの準備のため、私をはじめ、数人のスタッフが社に残っていました。

日付が変わった頃、ようやく作業にも目処が立ち、一息入れようということになりました。

会社の地下に入っているコンビニは深夜12時になると閉店してしまうため、私と後輩が、会社の横にある24時間営業のスーパーまで買出しに行くことに。

風もなく、ムッとした湿気の残る、暑い夜でした。

飲み物やお菓子を買い込み、会社に戻ろうとしたとき、ふと会社が入っているビルを見上げると、全体が真っ暗になっているのに、自分たちがいるフロアだけに明かりが灯っていたのを覚えています。

深夜に使う非常用のエレベーターに乗り込むと、私は16Fのボタンを押しました。

そのエレベーターは、低層階、中層階、高層階用と分かれており、私たちが乗ったのは、1Fから14Fまでノンストップの中層階用エレベーターでした。

後輩が「閉」のボタンを押すと、エレベーターがぐんぐんあがっていきます。

そこで、奇妙なことが起こったんです。

5Fを過ぎたあたりで、ピンポン！　と警告のベルとともに、アナウンスが響きました。

「定員オーバーです。後から乗った方は、お降りください」
「定員オーバーです。後から乗った方は、お降りください」
「定員オーバーです。後から乗った方は、お降りください」
「定員オーバーです。後から乗った方は、お降りください」
「定員オーバーです。後から乗った方は、お降りください」

繰り返しされる機械的なアナウンスに、ざっと血の気がひき、後輩と言葉もなく顔を見合わせました。

エレベーターの中には、もちろん私たちふたりしかいません。

高速で上昇する中層階エレベーターに途中で乗り込める人間がいるはずもなく、「定員10名　最大重量６００kg」という制限を告げるアラームが鳴るはずがない。

大慌てで14Ｆのボタンを押したのですが、エレベーターはアラームを繰り返しながら、予定通り16Ｆに到着。

私たち二人が逃げるようにフロアに降りるとアラームはぴたりと止まり、誰もいないエレベーターは、そのまま音もなく扉が閉まりました。

ただの故障だったのかもしれない。

それでも、お盆の夜に、小さな箱に身を寄せ合ってみっしりと詰まっていたかもしれない「なにか」を想像すると、今でもぞっとしてしまうんです。

怪 その六十六

お決まりの朝のあいさつ

ある日の朝のことです。

夢から現へと意識が移行するさなか、実家で飼っていたダックスフントが鼻先で布団を持ち上げて私の首元から潜り込み、しっぽでバタバタと私の顔を叩きながらお腹の方へ行っては戻り、顔を舐めるという、朝お決まりのごあいさつをしてきました。

そして枕元にはもう一匹飼っていたマルチーズが興奮した息づかいで、自分も潜り込もうかどうしようかと右往左往している足音と気配がします。

まったく朝から騒がしい、と思いながら目を覚ましたところ、部屋はしんと静まり、そこにいるのは私ひとりだけでした。

この二匹が他界したのはもう十年近く前のことなので、それも当然です。

私はありありと感じた頬を叩く尻尾の感触を反芻しつつ、しばし呆然と天井を眺めていました。

どう思い返しても現実としか思えない感覚でしたから。

二匹がまだ生きていた頃、この子たちを一番かわいがって、一番なついていたのが父でした。

その父はこの子たちが生きているうちに他界しています。

天井を眺めながらそんな父のことを思い出し、

「ああそうか。

父が二匹と一緒に様子を見に来たんだな」

と気づいたとき、自然と納得がいったのでした。

今でもお盆の時期になるとあの朝の出来事を思い出します。

怪 その六十七

先輩の彼女

大学の先輩から聞いた話です。

先輩の下宿は、角部屋の南向きなのにひじょうに格安の家賃だったそうです。

先輩がある日言いました。

「最近、お風呂の下水溝に長い髪が絡まっている」

先輩は男で、髪は短髪、若白髪。

その下水溝に詰まっている髪は明らかに女の黒髪。

しかも、かなり長いロングヘアーだそうです。

「彼女の、なんじゃないですか？」

とからかうと、先輩は
「彼女おらんし」

と答えました。

別の日、先輩は男友達を家に呼んだそうです。

すると、その男友達が突然、

「先客がいるのか」

と訊いてくるのです。

「？　いないし」

と先輩が答えると、

「だって、さっきからクローゼットの中に赤いワンピースを着た女の人がいる」

と友人は言うのです。

友人は、先輩の彼女が先輩たちを驚かせるために隠れているものと勘違いしたそうです。

でも、先輩には彼女はいません。

その後、先輩と友人はあわてて部屋を出たそうです。

卒業するまで、先輩はその部屋を引っ越しませんでしたが、その件以来、クローゼットの方は見ないようにしていたそうです。

怪　その六十八

トイレの壁から

約27年前、私の長男が3歳のころの話です。

親子3人で、テレビでホラー映画を、少し気味の悪い思いで見ていました。

番組が終わり、ちょっと気が緩んだときに、長男が、あまりこわそうな表情もせずにぽつりと言ったのです。

「ぼく、さっきみたいに、手がトイレの壁から出てきたのを見たことあるよ。緑色の手だよ」

私と妻は、顔を見合わせました。

とても、うそをつくとか、脅かしてやろうということを考えるような年齢でもないし、表情もごく普通でした。

「いつ見たの」

わたしが聞くと、長男は、

「よく見るよ。見たことないの？」

と当たり前のように言いました。

怖くて、その手が何をしたのとかは、聞けませんでした。

妻は、強張った表情をして固まっていました。

それからしばらく、私たち夫婦は、トイレを、壁から手が出てこないことを願いながら、使いました。

その後、次男が生まれ手狭になったので、それほど遠くないところに引っ越しをしました。

これで、やっと安心して、トイレに行けるようになりました。

長男が大きくなってから、その話を聞いたのですが、まったく覚えていませんでした。

今でも時々、夫婦の間でこの話題になり、すこし背筋が寒くなります。

怪　その六十九

姉も、わたしも

4年くらい前のことです。

夜、自分の部屋で寝ていると、夜中にふと目が覚めてしまいました。

体が、金縛りにあう前のキーンというようなザワザワした感じがしたので、なんか嫌だなぁ……と思いながら、豆電球の灯りのなか、部屋の本棚の上の時計をみていました。

「うわっ！」

金縛りがはじまると同時に本棚の前にぼわーとした人のカタチが出てきたのです。

その人影はだんだんハッキリとしてきて、おかっぱ頭の女の人が、赤いチェックのパジャマ姿で立っていました。

金縛りで声も出ず心のなかで「ぎゃー！」と叫んだとたん金縛りは解け、あわてて頭から布団をかぶり、そのままいつの間にか眠っていました。

その何日か後に、嫁いだ姉が実家である私の家に泊まりにきました。

泊まった次の日の朝、姉が部屋にあるタンスの扉の取っ手を紐でぐるぐる巻きに結んでいます。

「どうしてそんなことしてんの?」

と訳を聞きました。

前の晩、姉も夜中に目が覚めてしまったそうです。

すると、寝ている足下のタンスの扉がいきなりガバッと開き、中から女の人が飛び出してきて寝ている姉の上にガバッと乗り、

「びっくりしたでしょ」

とニヤニヤした顔で言ったのだそうです。

そこでなぜかまたハッと目が覚めたので夢か現実かわからないけど、もの凄く怖かったからタンスの扉が開かないようにしてる、とのことでした。

もしかして……と思い、

「ねえ、その女の人、どんな格好してた?」

と聞くと

「……赤いチェックのパジャマ着てたよ」。

怪 その七十

急な体重増加

今年の7月の連休に、友達と近場の渓谷にドライブに行きました。

渋滞していたので、連休だからかと思ったのですが、車の列の先頭は救急車と消防車。

しかも、私たちが目的地にしていた、川を臨むように建てられたレストランの方に入っていきました。

そのレストランは、周りに売店や東屋などがあります。

また、すぐそばのつり橋から20mほど下に広い川の流れが見えます。

救急救命士の人たちが黙々と担架や救命具を組み立ててはるか下の川の方へと降りていきます。

いつもは野次馬嫌いの友達が、わざわざつり橋まで行って下を覗き込もうとするので、しぶしぶ私もついていきました。

若い男の人が倒れていて、そばに友達らしき人が呆然と立っていました。

救急救命士の人たちが慌てていないので、「もしかしたらダメなのかも……」と思いました。

家に戻ってニュースをチェックすると、やはりその人は亡くなっていました。

見なければよかった、と思いました。


その日の夜、我が家のベッドの足元の方に置いてあるテレビの前で、トントンっと誰かが降り立ったような足音が聞こえたのを覚えています。

その後もどうしても眠れなかったのと、日課にしていた体重測定をしていなかったのを思い出して、部屋の明かりをつけて、体重をはかりました。

前日からの体重増加が、「3・2kg」。

確かにその日はよく食べましたが、いつもせいぜい1kgくらいしか増えません。

もう一度量りなおそうとしたら、体重計の画面が暗くなり、フリーズしてしまいました。

翌朝、家にある別のデジタル体重計ではかろうとしたら、電池切れ。

仕事帰りにいつもいく岩盤浴の体重計に乗ったところ、その日に限って「Ｅｒｒｏｒ」の表示が出てしまいました。

さすがに気持ち悪くなって、長年お世話になっているマッサージ師の先生で御祓いなども行っている方のところへ行き、施術されながらこの話をしたところ、

「確かに体が重くなってるね。家の四隅で柏手を打って、玄関を開けてお線香をたきなさい」

といわれたので、そのとおりにしました。

お線香がなかったので、買ったばかりのお香をたいたのですが、湿っているみたいでなかなか火がつきませんでした。

それでも、全部済ませたら、なんだか気持ちがすっきりしたので、また体重をはかったところ、２・８㎏減少していました。

思いもよらない最期を迎えて、残ったやりきれない思いの重さだったのでしょうか。

身も心も軽くなって、向こうの世界へ行けたのならいいな、と思いました。

怪　その七十一

幼なじみの思い

ご近所の老婦人が、長年連れ添ったご主人をこの冬に亡くされました。

最近、未亡人となったその老婦人のところに、奥様を亡くされたご老人が訪ねてくるようになりました。

まあ、よくある話なのですが。

じつは、訪ねてくるご老人はずいぶん昔にその未亡人となった方に結婚を申し込んで、断られていました。

そして結局、その老婦人の幼なじみと結婚されたとか。

その老婦人がうちへきて話すには、ご老人の亡くなった奥様、つまり自分の幼なじみの姿を、最近、家の中で見るようになったというのです。

玄関で両手を広げて、人を入れないような格好をしていた、と。

自分の夫を老婦人の家に入れたくない思いでしょうか。

さらにはもっと前、その幼なじみが亡くなった後、老婦人が夜中に苦しくて目をさましたところ、布団の上に幼なじみのその人が覆いかぶさるように乗っていてこちらを見ていたというのです。

そのときからもう、その亡くなった幼なじみは自分の夫がこの老婦人のところに来ることをわかっていたのでしょうか。

怪 その七十二 散らかった別の部屋

20年ほど前、私が大学生のころです。

友人の下宿に遊びに行き、コンピューターゲームをしていました。

最初はふたりで遊んでいたのですが、夜中の1時を過ぎたあたりで友人は寝てしまい、私はひとりでゲームを続行していました。

そのまま3時くらいまでひとりで遊んでいたのですが、のどが渇いたので、外の自販機までジュースを買いに行くことにしました。

ジュースを買って友人の部屋まで戻りドアを開けると、電気が消えているうえに何だか部屋の雰囲気が違いました。

部屋の電気を点けると明らかに別の部屋で、友人の部屋はいつでも整理整頓が行き届いていたのですが、その部屋は雑然としていて典型的な男のひとり暮らしの部屋でした。

悪いことにその部屋で寝ていた男を起こしてしまったようで、男は布団から上半身を起こしてこちらを見ました。

すっかり動揺した私は無言のまま部屋から飛び出てドアを閉めたのですが、その時のドアの閉まる音は、お寺の鐘のような「ゴーン」という音でした。

完全に動転していた私ですが、その音に驚いて一瞬真っ白になり、逆に冷静になりました。

あらためて周囲を確認すると、そこは間違いなく友人の部屋の前です。

恐る恐るドアを開けると、部屋の中は見慣れた友人の部屋でした。

しかも友人はさっきまでと同じ場所で寝ています。

ホッとしたものの何だか気味が悪かったので、ゲームを切り上げて帰ることにしました。

友人に置き手紙を残し、電気を消して部屋を出ようとしたところ、部屋の奥から
「ごめんなさいくらい言えよな」

という声がしました。

明らかに友人の声ではありません。

ごみごみした部屋にいた男の姿が脳裏をよぎり、私は全速力で自転車をこいで家に帰りました。


翌日、私は自分が体験したことを友人に話したのですが、友人は全く信じていませんでした。

しかし、その数週間後、友人の祖母が友人を訪ねてきたのですが、部屋に一歩入るなり有無を言わさず引越しの準備をさせたそうです。

友人は私が言ったことを思い出して「この部屋、もしかして誰かいるの？」ときくと、おばあさんは厳しい口調で「あんたは知らなくていい」と言ったそうです。

怪　その七十三

尾根を歩く人

もう30年も前のことなのですが、大学4年生だったは私は、南アルプスの南部の方を一週間ほどかけて一人で縦走していました。

夏のさかりとはいえそこを歩いている人はあまりいませんでした。会うのは1日に数組というところです。

人がたくさん入っている北アルプスに比べると、とても寂しいところです。

霧がたちこめたある夕方、わたしは、道に迷いました。

幅広い尾根は石灰岩でできており、風化し、踏み跡が風に飛ばされて、どこが道だかわからないのです。

そんなことはめったにないことなので、焦りました。

目をこらしてあちらこちらを見ていると、霧のむこうに人が歩いているのが見えました。

すぐに、ザックを背負って追いかけました。
その人は、群青色のカッパでした。
ずいぶん旧式のカッパを着ているなあ、と思いました。
その頃私は、自分の足には自信がありました。
抜かれることは滅多になく、駆けるように山を歩くことに誇りをもっていました。
しかし、まるで追いつけません。
かといって、離されるわけでもないのです。
1時間ほどあるいたところでサイト地(水場のあるキャンプサイト)につきました。
それで私はその人にお礼を言おうと思い、そのサイト地をさがしてみたのですが、
それらしき人がいないのです。
つぎのサイト地はまた数時間かかるのでそんなはずはない、と思いました。
翌朝、そのサイト地を出てしばらく歩くと遭難碑がありました。
日付は20年ほど前の、ちょうど昨日の日付でした。
私はこの人がきっとここへ導いてくれたのだと思い、手を合わせてお礼をいいました。

怪 その七十四

父の入院友だち

帰省して友人たちと呑み会をしている最中、父危篤の知らせが母から入りました。

それは父がもう何年間も入退院を繰り返していた頃でした。

病室で父の顔を見てから、猛烈にのどが渇いたので、自動販売機で何か買おうと病室を出ました。

自販機は1階の階段近くにしか設置されておらず、その場所以外は真っ暗。

いかにも何か出そうだな……と思いつつペットボトルのお茶を買い、振り向いたところ、自販機と自販機の間の隙間に、車いすに乗った寝間着姿のお爺さんがいるのです。

夜中の1時過ぎ、ひとりで降りてきたにしては不自然だなと思ってよく見ると、顔がのっぺらぼう。

そのお爺さんは動かずじっとしていました。

それでものどが渇いて渇いて仕方がなかったのと、なぜか怖い気持ちが湧いてこなかったので、その場で少しお茶を飲んでからエレベーターへ向かいました。

怖くないと、感じたのは

「あの人、どこかで見たことがある……」

と思ったからです。

病室に戻り、父の顔を見ながら、いったいどこで見かけた人だろうと考えていました。

思いついたのは、以前父が入院した時に同室だった、Fさんというお爺さんでした。

何故か父にとても親切で、私が子供を連れて見舞いに行くとプリンを差し入れしてくれたり、椅子を運んでくれたりしていた人。

Fさんは半年ほど前に既に亡くなっていました。

父も翌朝、息を引き取りました。

もしかしたからFさんは、入院友だちだった父を迎えに来てくれていたのかもしれないと思います。

怪　その七十五

女性の高笑い

友人が体験した話です。

もともと友人は霊感の強い家系だそうで、友人も、その妹さんも、ふたりとも見えたり、感じたりすることが多々あるそうです。

ある年の春、彼女は妹と実家を出て、マンションでふたり暮らしをはじめました。引っ越して数日後、夜中に隣人の女性が「ハハハハハ」と、高笑いする声が聞こえてきたそうです。

女性の高笑いする声は数日続き、文句を言おうかと思っていたある日、となりの部屋から男性が出てきたそうです。

あれ？　となりは女の人じゃないの？　と思い、大家さんに確認したところ、となりは男性のひとり暮らしだと分かったそうです。

ちなみに、彼女たちが住んでいたのはマンションの角部屋で、反対側に部屋はありませんでした。

ですが、もともと霊感の強いふたり。

「あぁ、そういうことか」と思い、そのまま住んでいたそうです。

その年の暮れ、ふたりは実家に帰る予定でしたが、妹さんは学校の都合で友人より1日遅れて帰ることになったそうです。

そして、その夜。

妹さんがひとりで寝ているとまた女性の高笑いする声が響いてきたそうです。

「あー、まただ」と思いながらふと見上げると、

部屋の天井近く、ロフトから宙づりになって「ハハハハハ」と高笑いをする女性と目があったそうです。

「今まで笑っていたのはこの人だったんだ」

と思ったそうです。

怪　その七十六

来て、消えた姉

怪談と言っていいのでしょうか、怖くはなかったけれど、ひどく変でした。

わたしには姉がいます。

明るくいたずらの好きな彼女は、思いもよらない楽しい罠を仕掛けて、いつもわたしを笑わせてくれました。

ある日のことです。

自宅から、実家に帰ってきた姉と、居間でダラダラしていました。

いつものように、人が聞いたら呆れるようなほとんど実のない楽しい雑談をしていると、わたしの携帯に着信がありました。

画面を見てみると、相手は、いま目の前で雑誌のページをめくっている姉でした。

手の込んだいたずらを……とニヤニヤしながら電話に出ると、姉が言いました。

「いまこっちを出たからね。

美味しいタルトを買ったから、楽しみにしておくように。

1時間後に着くよ」

へー、それは楽しみだな、と、相変わらずニヤニヤしながら聞いていました。

どんな仕掛けになってんだ？　と思った瞬間、突然、玄関のドアがバーンと開き、タルトの入った箱を持った、姉が、ウッソー！　玄関にいました！

家の中に入ってきた姉に目を奪われ、はっと横を見ると、さっきまで雑誌をめくっていた姉は消えていました。

それどころか雑誌もカルピスの入ったコップもなにもなく……。

タルトは確かに美味しかったけど、姉の行方が気になって仕方ありませんでした。

なんとなく、姉にはこの話ができません。

怪 その七十七
お隣の古いワゴン車

もう6年ほど前のことです。

我が家は賃貸アパートで、ベランダの前の庭にそれぞれ車を停めています。

お隣に越してきた方の車は古いワゴン車だったのですが、どうも気になる。

昼間、ベランダで洗濯ものを干している時も、出かけようと家の外に出た時も、どうもその車から視線を感じる。

反射的にそっちを見ると、誰も乗っていない。

でもいつも、誰かが乗っているような気がするのです。

子供たちが気味悪がると良くない、と思い、誰にも言わずにいたのですが、ある時その車がいたずらされてドアを壊されてしまったのです。

それをきっかけにお隣は車を入れ替えました。

その後しばらく経って、何かの時に私が

「前のお隣の車って、いつも誰かが乗っているような気がしていた」

と家族に言ったところ、当時小学生だった娘が
「うん、乗ってたよおじさんが」

と言うではありませんか。

さっと寒気がしましたが「どんな人？」と聞いてみました。

娘によると、そのおじさんはいつも運転席におり、ハンドルに手をかけてこちらを見ていたそうです。

怖くなかったのかと聞いたら、車を降りてきたことは一度もなく、いつもそこにいるだけだったので怖くなかった、とのこと。

さらに、

「多分、お隣はお父さんがいないでしょ、だからお父さんだと思うよ、あの人」

とも。

たしかにお隣は奥さんと大きくなった息子さんのふたり暮らしでした。

ご主人はどうしたのか、と聞くほど仲がいいわけではなかったので、今もわかりませんが、考えてみればつじつまが合いました。

その後、息子にも隣のおうちの車に何か変な感じがしなかったかと聞いてみたところ、やはり彼もなんとなくいつも誰かが乗っているような気がして嫌だった、と言っていました。

もう引越ししてしまったので何もわかりませんが、今も同じ車が走っていると思い出します。

もしご主人だったとしても、どうして車に乗っていたのか……。

怪 その七十八　私も会いたい

私には3歳違いの娘がふたりいます。

長女がまだ幼稚園に通っていた頃、次女はよく子供部屋で、ひとりで「ごっこ遊び」をしていました。

誰かと会話しているような「ごっこ遊び」でした。

数年経ち、娘がふいに
「小さい頃、白い犬飼ってたよね？」

と言い出しました。

我が家では犬は飼っていません。

もしかして……、と思い、私が11歳から21歳まで実家で飼っていたマルチーズの写真を見せたら
「そう！　この犬！

いつもひとりで遊んでいるとき一緒に居てくれた！」

名前は、「シェリー」。

私が学校でイヤなことがあって部屋で泣いてたらいつもそばに来て顔を舐めてくれる、優しい犬でした。

ひとりぼっちで遊ぶ娘のことも放っておけなかったんだと思います。

私も会いたいです。

怪　その七十九

じゃあ、あれは誰？

修学旅行中に体験した話です。

日光の、ある旅館に宿泊しました。

5階の角部屋である男子の大部屋で、男女入り交じっての怪談話が始まりました。

20人以上集まり、部屋を暗くして、話をしていました。

角部屋だったので、Lの字に窓がありました。

カーテンが引かれた窓です。

話をしている最中に、その窓の外を小柄な丸坊主の男子の影が、ものすごいスピードで走る姿を見つけた私は、

「あ、R君がベランダに閉じ込められてるよ！」

私は、いじめられっ子のR君がベランダに出されてしまったんだと思い、そう言いました。

周りにいた数人もそれを見て、「本当だ、かわいそうだ」と言っていました。

しかし、そう言っているそばで、

「僕、ここにいるよ?」

と、R君が言ったのです。

「じゃあ、あれ誰?」

と言った瞬間、
その丸坊主の影は、窓を激しく拳で叩き始めました!

部屋はパニックです。

恐る恐る、カーテンを開くと、影はいません。

しかも、ベランダなんてなく、ただの窓。

「ここ5階だよね?」

数十人でいっぺんに見てしまったため、大パニックでした。

怪 その八十

タンスに潜り込む人

今から12年ほど前のことなのですが、住んでいた実家の団地はその時すでに築40年以上経っていました。

その当時、隣に住んでた人たちは、毎日ではないけれど、夜中にお経を読む習慣がありました。

その日も寝つきそうになった時にぶつぶつぶつ……、と聞こえてきました。

隣のおじさんがまたお経を読みはじめたんだなあって思ったのです。

ぶつぶつぶつぶつぶつぶつ……

いい加減うるさいなあ。

と思ったら、部屋のタンスが開いたり閉まったりする音がしはじめたんです。

ぶつぶつぶつぶつぶつぶつ……

そのお経だと思ってた音は隣の家からじゃなくて、自分の部屋から聞こえてくることに気づいたのです。

母親が私のタンスをいじってるのかな？　と思い目を開けなかったのですが、タンスの開閉音もその声もどんどん大きくなってきたので
「もう、うるさーーーーーーい！」

と、頭の中で思ったのです。

そしたら耳元で、大きな声で、

「うるさいのか!!」

と知らないおじさんの声がして、目を開けたら、タンスの横の机の上においてあった飲みかけのイチゴ牛乳の紙パックがぐしゃっと潰れて、中身が吹き出たのです。

にぎり潰されたような後の紙パックが机の上に倒れました。

そしてタンスのほうに気配を感じて見てみたら、小人のようなおじさんがタンスの中に潜っていくのが見えました。

ほんとうに怖くて怖くて、今思い出してもゾクっとします。

耳元での大声は、あの小さいおじさんが出した声とは思えなかったのですが、すごく不思議な体験でした。

怪 その八十一

桜の木の根本に

もう15年も前のことです。

当時我が家は横浜のマンションに住んでいました。

同じマンションに住んでいた親しい友人のご主人に起こった出来事です。

ある日、友人が
「夕べうちのダンナが真っ青な顔で『出た、出た、』と言いながら帰って来た」

と言うのです。

私たちが住んでいたマンションは、駅からバスで20分ほどの高台にありました。

日中はバスがマンションのすぐ近くのバス停まで来るのですが、夜中は下の国道でバスを降り、マンションまでの坂道を10分ほど歩いて登らなければなりませんでした。

その坂は「桜優先道路」と呼ばれていました。

名前の通り、両脇に桜が植わっていて、桜の木の出っ張りのため、くねくねと曲がっていました。

友人のご主人は、午前0時を回った時間に国道からその坂を歩いていました。もう間もなくマンションに着く、という辺りで、一本の桜の木の根本に小学校の低学年くらいの男の子がランドセルをしょって、しゃがんでいるのを見かけたそうです。

友人の家にも小2の男の子と幼稚園の女の子がいたため、ご主人は「きっと親に叱られて家を出されでもしたのだろうな」と思い、「どうしたの?」と声をかけたそうです。

すると、その男の子がすわったまま、ご主人のほうを振り向いたのですが、その子は、肩から上に頭がなかったそうです。

そこからご主人は走ってマンションまで帰り、家に着いた時の顔はほんとうに真っ青だったということです。

怪 その八十二　吊り橋とパトカー

それは大学時代の後輩たち3人が遠くから遊びに来てくれた日、初冬の夜のことでした。

働きはじめたばかりの私は先輩風を吹かせて、ある有名なリゾート地のレストランへ彼らを車に乗せて連れていきました。

食事後、土地勘があるところを見せたくて、私は車を幹線道路から地元の人しか知らない道へと走らせました。

しかし夜のせいか道に迷い、車はどんどん山の中の細く外灯もない道に入り込み、みんなだんだん心細くなってきました。

おまけに、目前には吊り橋が現れ、怪談にありがちなそのシチュエーションに、後輩たちも私も、すっかりびびりはじめました。

「これ、まずいんじゃないですか」

「やばいですよー」

しかし戻ろうにも道が細すぎてUターンもできません。

進むしかない。

「あ」

何かを見つけた後輩が、安堵の声をあげました。

その吊り橋の手前左側に小さな空き地があり、そこにパトカーが1台、停まっているのが見えたからです。

中には人が乗っているようだったので私はパトカーの横に車を停めて、道を聞こうと思いました。

でも、できませんでした。

私たちはスピードをゆるめ、パトカーに近づきその横を通り過ぎた後、細く危険な山道を全速力で走り、何とか幹線道路に出た時まで誰ひとりしゃべることもできませんでした。

それでもまだスピードをゆるめることができず、

「なにあれ」

「なに⁉」

「なんなんだ、あれ⁉」

口々にそれだけ言い続けながら一目散に私の家に帰りました。

そのパトカーには5人ぎっしりと警官が乗っていました。

彼らは全員、ヘルメットを被り、棒のようなものを抱えて、私たちの車が近づいても微動だにせず、まっすぐ前を見ていました。

後から思えば、エンジンもかかっていなかったし、寒い冬の夜遅くなのに車のガラスはまったく曇っていませんでした。

普通は寒いとき、そんな狭い空間の中なら、ひとの息で窓はだんだん曇るものではないでしょうか。

窓ガラスをぴったりと閉めてまっすぐ前を見続ける5人の警官たちは何かとてつもなく怖くて、私たちはみんな心の底から、とにかく早く遠ざかりたくなったのでした。

怪 その八十三

温泉旅館の廊下

お盆休み、家族で某温泉旅館に泊まったときの出来事です。

観光地などを回って、旅館でおいしいご飯も食べて、あとは温泉に入って寝るだけ……のはずでした。

その日はあるドラマの最終回で、私だけドラマを見終わってから温泉に入ることにしました。

温泉から上がって、23時頃だったと思います。

部屋に戻るには、ガラス張りの長い廊下を歩き、エレベーターに乗る必要がありました。

その長い廊下は薄暗く、旅館自体もちょっと古いこともあり、「ちょっと怖いな」と思いながら歩いていました。

エレベーターの近くまで来たときです。

そばに置いてある自動販売機の明かりで、外（ガラス越しに見えるけど真っ暗）が少し照らされて、見える状態になっていました。

ふと外を見たその時。

白い着物の女の子が、いました。

たぶん、目が合ったと思います。

「まずい」と思い、すぐに視線を逸らし、エレベーターのボタンを押して急いで家族のいる部屋に戻りました。

その出来事を話したところ、母は
「あの廊下、ひとりで通るの怖いなって思った」

と言い、
叔母には
「見間違いじゃない？」

と軽くあしらわれました。

しかしその翌朝、姉が一言。

「夜中にトイレに行こうと、部屋の戸を開けたら、目の前に白い着物の女の子が立ってた」

その女の子はすぐに消えたそうです。

エレベーターに、一緒に乗ってきたのかな……。

翌朝、女の子が立っていた場所を確認したところ、そこは池のようになっていて、人が立てる場所ではありませんでした。

怪 その八十四　コーヒードリンク

実家の父が亡くなって四十九日までの間、事情があって、誰も居ない実家に祭壇を置かざるを得ず、お骨が置き去りなのが気がかりで、毎日お線香を上げに実家へ行きました。

夏の暑い日だったので、途中コンビニで自分のぶんと父のぶん、冷たい飲み物を買っていきました。

父が好きだったコーヒードリンクにストローを挿し、遺影の真ん前に置き、わたしも一息……とドリンクを飲みながら、何となくコーヒードリンクへ目をやると。

ゆーっくりとストローを上下する、液体……。

あ！　お父さんが飲んでる!!

慌ててケータイのムービーで撮影し、兄弟に見せましたが、数日後、そのムービーは削除した覚えがないのに消えていました。

ゴメンね、お父さん……。

おもしろがったように思えたよね……。

と、反省。

その日以来、同じようにお供えしても、二度とその現象は起きずじまいでした。

怪 その八十五

はじめての心霊写真

蒸し暑い夏の日に、ふと思い出す写真があります。

それは小学4年生の頃に見た、1枚の白黒写真。

生まれて初めて見た、リアルな心霊写真でした。

私の10歳年上の兄は、その頃、北海道の大学に通っていて、夏休みにはバイクで帰省していたのですが、「これ、見るか」と渡されたのが、その不思議な写真でした。

真っ黒な土の上に、白くぼんやりとしたものがいくつか散らばっています。

その中のひとつが、人間の足首から先の部分で、とてもきれいにハッキリと写っていました。

散らばっているものは、手足でした。

土との境界線はぼんやりとしていて、置かれているのではなく、浮かんでいるのでした。

恐怖感はなく、アートっぽくもあり、不思議で、「何これ?」とたずねると、兄は静かに「心霊写真」と答えました。

兄はその頃ミミズの研究をしていて、あちこちの土を集めて、ミミズを飼っていたのだそうです。

写真も好きだったので、自分で現像もしていました。

研究の経過を記録するため、集めた土の写真も撮っていたのですが、夜中に現像していたら、土だけ写したはずの写真からバラバラの手足が浮かんで来て、恐ろしくなり暗室から飛び出したのだそうです。

その土というのが、自殺の名所といわれる湖のものだったので、すぐにバイクで行って元の場所に土を返し、手を合わせたそうです。

しかし、兄はその後も、高原でバイクと自分の写真を撮ったところ、となりに居るはずのない見知らぬ女性が写り込むというようなことがあり、それからしばらく写真を撮ることができなくなりました。

怪 その八十六

伝えたいことがあるなら

中国在住です。

この前の3月末の実体験です。

引っ越す前の最後の日、いつものように息子と夫と川の字で布団に包まって横になっていました。

なかなか寝付けずにごろごろ寝返りをしていたら、突然、周りの音が聞こえなくなり、別の部屋に瞬間移動で連れて行かれるような感じがしました。

目を閉じているのに、もやもやした影のようなものが存在を主張しているのが分かります。

影は男性で、彼は私に、一生懸命これまでの生い立ちや苦しかったことを伝えようとしていることも。

言葉ではなく、農村の風景や家族の集まっている場面など、イメージがこま切れに脳裏に浮かんできました。

でも私はどうすることもできず、「ごめん、わかんない」と頭で思ったとたん。左向きで寝ていた私の肩甲骨に、誰かのひざが当たった衝撃、そして右耳に太い指が差し込まれた不愉快な感覚。

思わず「やめて！」と頭の中で叫んだとたん、気配は消えました。

隣にいる夫はいびきをかいて寝ているし、目の前の息子も何事もないかのように寝息を立てています。

こんなにはっきり感覚が残る経験をしたのは初めてでした。

でも彼は、話を聞いてほしかっただけなのかも。

願わくば誰かの耳に指を入れたりしないで、往くべきところに向かってほしいと思いました。

怪 その八十七 ぼろぼろのソファ

看護師をしている友人から聞いた話です。

彼女の病院には、看護師が休憩中に世間話をしたり仮眠をとる部屋があり、その部屋の冷蔵庫の横にはとても古くて汚いソファが置いてあったそうです。

そのソファは使われておらず、なぜ捨てないんだろうと不思議に思いながらもあまり気に留めずにいたそうです。

看護師たちは毎日仕事中にその部屋の前を何度も通っていました。

ある日彼女がいつものようにその部屋の前を通りすぎたとき、なんともいえない違和感を覚えたそうです。

視界の隅に、あのソファに腰掛ける女性が見えたような気がしたのです。

女性がソファにすわっているのはなんらおかしなことではありません。

ただ、その女性は、人にはあり得ないバランスで、座高がとても高かったそうなのです。

それも大柄というより、座高だけが、異様に高かったと。

その後何度もその部屋の前を通りながら、怖くて直視することが出来なかったそうですが、視界の隅に入るソファの上には、常に、その女性はいたそうです。

そして、何度も行き来しているうちに、彼女は思い出したそうです。

いた。この女性はずっといた。

私がこの病院にきたときから、そういえば、ずっとソファにすわってる。

視界の隅で脳の隅っこで認識はしてたけど、あまりの恐ろしさに、自分の中で勝手になかったことにしてたんだと、女性を見たことを認めてからやっと、気づいたそうです。

他の看護師や医師も認識はしてないだけで、きっと見えている。

そう思った彼女は、なかったことに出来ているうちはそっとしておいてあげようと誰にも言わず、後にそのまま病院をやめました。

誰も使わないぼろぼろのソファが捨てられなかったのは、あの女性が病院の人たちの無意識の中に存在していたからなのかもしれません。

怪 その八十八

止まるエレベーター

数年前、ある病院の事務員をしていました。

夏になると定番の怪談話に花が咲くものです。

職場が病院だけに、さぞや怖い話が出るかと思いきや、看護師たちは口が堅く、あまり怖い話は聞けませんでしたが、事務員の中に自称「見える」という人がいて、その人から聞いた話です。

その病院は1階と地下1階の間に機械室兼倉庫があり、古いカルテやレントゲン写真が保管されていました。

そこは一般の人は立ち入り禁止で、業務用のエレベーターでなければ階数も表示されないし、鍵を借りなければ入れないほど、出入りする入り口も人数も限られているところです。

その人は3階から地下1階に行くために、業務用エレベーターに乗りました。

が、途中、機械室でエレベーターが止まったのだそうです。

扉が開きましたが、誰も居ません。

扉の向こうは真っ暗で嫌な感じがしたので、急いで閉まるボタンを押そうとした時、見えてしまったのだそうです。

上半身だけの男の人がエレベーターの方に這ってくるのを。

その人はしばらくして辞めましたが、その数か月後に入った事務員もまったく同じ話をしていました。

ふたりに接点はありません。

私には幸い霊感がなく、怖い思いをしたことがありませんが、確かに業務用エレベーターを1階で待っている時、地下1階から機械室に止まった後、着いたエレベーターに誰も乗っていなくて「?」と思ったことは何度かありました。

他にも不自然に機械室でエレベーターが止まるのを体験した人たちは、結構いました。

怪 その八十九

突然顔の片側が

5年ほど前、わたしはある小劇場に芝居を観に行きました。

招待を受けて行ったその舞台は、時代もの、それも刀や血糊をたくさん使うような、痛いシーンもある作品でした（ホラーではありませんでした）。

話が進み、血糊や女優さんの悲鳴に情けなくも貧血になり、たまらず目を閉じました。

その瞬間、見開いた目、真っ赤な唇、振り乱した長い髪の、肌が青緑色をした女性の顔の右半分が、気味の悪い笑顔で、ぐわあああっと近づいてきたのが見えました。

顔の近づく勢いがすごくて、あまりの衝撃に目を開き、舞台が終わるまで、どうにか恐怖を我慢しました。

後日、そのことを、一緒に観ていた霊感があるという友だちに話すと、

「私あれ観た帰り、顔の左側が痛かったんだよね」。

いろいろ謎のままですが、今でもあの気持ち悪い笑顔は頭から離れません。

怪　その九十

母が拾ってきた石

今から30年以上前の話です。

その頃高校生だった私がある日家に帰ると、床の間に石が置いてありました。

その石は漬物石くらいの大きさの丸い石で、真ん中に「閏」という文字が彫ってありました。

一見して床の間に不似合いな石に、「あれ何?」と母にたずねると、母は不思議な話をしはじめました。


ずっと昔、母は家の前の川で石を拾う夢を見たそうです。

それが何度も続くので、ある日夢で見た場所に行ってみるとその石があり、持ち帰ってみたものの、どうしていいか分からず、庭の隅に置いていたのだそうです。

が、ずっと野ざらしにしておいてはよくない気がして、洗って床の間にその日置いたのだ、ということでした。

不思議な話に、若かった私は面白半分で、その頃テレビで放送していた、心霊写真を霊能者が分析してくれるという番組に送ろうと石の写真を撮りました。

その後、友人4人が泊りがけで私の家に遊びに来たので、友人たちとの写真も続けて撮影し、数日後、思い出し、父に

「あの写真現像してくれた？」

とたずねると、

「あの写真、全部だめだったよ」

と父が言うではありませんか。

「お前が石を撮ったところからフィルムが裂け始めていて、友だちの写真も全部現像できる状態ではなかったよ」

と。

その時は残念だけどしょうがない、くらいにしか思いませんでしたが、その後私は体調を崩して休学することになり、友人たちとはいっしょに卒業できず、離れ離れになってしまったのでした。

後になって思ったのですが、あれはおもしろ半分に写真を撮った私に対して、石が怒ってのことだったのか、それとも体調を崩し友人と離れ離れになる私のその後を予知したものだったのか、それともすべてが意味を持たないただの偶然だったのか、今でもわかりません。

住む人がいなくなり、空き家になった実家のどこかであの石は、まだ私たちを見ているような気がするのです。

怪 その九十一　切り取られたカーテン

20年ほど前のことです。
公団のテラスハウスに住んでいました。
わたしと愛犬のフィガロは、1階にいました。
誰もいない2階で、ザザッ、という音がしました。

晩秋で、窓は閉めていました。

いやだな、と思いながらも、フィガロを先頭にして、嫌がっている彼女のお尻を押し上げながら階段を上がっていきました。

うちは、押入れのふすまをはずして、カーテンをかけてつかっていました。

そのカーテンが上のほう、押入れの内側方向に、半分ほど巻き上がっています。

風もないのに、なぜ？

と思いながら、茶色のペイズリー模様のカーテンを下ろしてみたら、誰かがハサミを使ったのかと思うほどきれいに、下から上、斜めに1メートルほど、かく　かく　かく　かく　と正確に、一辺が8センチくらいちぎれていました。

というか、切り取られていました。

愛犬と目をあわせ、見なかったことにしよう……と階下に降りました。

あとから考えてみて、一番怖いのはその不思議な出来事をいっさい話題にせず、さっさと新しいカーテンに付け替えた、母です。

霊感の強い人なのでカーテンのことを質問したら、なにか妙な怖いことを言いそうで、あの時、聞けなかったことを、いま思い出しました。

怪　その九十二

夜、ひとりの駐車場で

5年ぐらい前の話です。

主人は、仕事の関係で、月の半分ほどは単身赴任状態でした。

私は、その町へ一緒に行ったり、後から行ったりして、主人と過ごしてから一緒に自宅に帰るといった日々を過ごしていました。

後から行くときは、運転好きの私はひとり、ドライブを楽しみながら通っており、そんなときは、いつも、着くのは夜半でした。

その日も、そうでした。

人っ子ひとりいない、車も一台も停まっていない駐車場に着いて車を停めた途端、私の車の後ろを誰かがドンドンドンドンと叩きました。

手のひらというよりこぶしで、ものすごい力ではなく、さりとて、コンコンというノック音でもなく、結構な力での、連続した「ドンドンドンドン……」でした。

ほんとうにびっくりしました。

バックミラー、サイドミラーを見ましたが、誰も見えません。

目ではミラーをキョロキョロ見ながら、震える手で携帯電話をかけ、呼び出し音が鳴っている中、またもや、車の後ろがドンドンドンドンドンドン、と叩かれました。

ミラーに誰か（何か）が映るのも怖いし、誰も（何も）映らないのも、怖い状態。

でも、誰も（何も）映りませんでした。

携帯はすぐ通じ、主人も普通にすぐに出てきましたが、その後は何の音もせず、何の異常もありませんでした。

いったいあの音は何だったのか、今でも不思議です。

怪 その九十三

丘の洋館を目指して

自分が学生だった頃に体験して、20年も経ったのにいまだに覚えている出来事です。

ある日、薄暗い海外の田舎のような道を、何かに怯えながら歩いている夢を見ました。

次の日の朝、目が覚めた時は寝る前に見たホラー映画の影響だと思い、あまり気に留めませんでした。

でも、それが不思議な出来事のはじまりでした。

次の日、私は、昨日見た夢の中に出てきた道を再び歩いていました。

目が覚めてから思い出すと、明らかにその前の日に歩き終わったところから夢がはじまっていました。

それが4日ぐらい続いた頃には、私は夢の中で、霧が立ち込める丘まで辿り着いていました。

丘の先にはほんとうにホラー映画に出てきそうな洋館が立っているのが見え、この頃から夜寝るのが無性に怖かったことをよく覚えています。

不気味な洋館なのに、早くそこに行かなくてはならない。

夢の中で私は早く早くと誰かに急かされるように洋館を目指して歩きました。

10日ぐらいが経ち、やっと辿り着いた洋館の扉に手をかけた瞬間、

「だめだー」

と夢の中に響き渡った声とともにお腹に衝撃を受け、目が覚めました。

痛むお腹を見ようと上半身を起してみると、布団に一度も入ってきたことのないうちの猫が爪を立ててしがみついていました。

いつものように猫をなでようとして、自分の手が震え、異様に汗をかいているのに気がつきました。

私は猫を抱きしめ、震えながら、朝、母が声をかけてくれるまで動くことが出来

ませんでした。
母の声がし、私が腕を解くと、猫は何もなかったように部屋から出て行きました。
それ以来、あの夢の続きを見ることはありません。
また、その猫が寝ている時に布団に入ってきたのは、この一回きりでした。
今でも思うことがあります。
あの時、ドアを開けていたらどうなっていたのか。
あの震えを思い出すと、あまり良い結果ではなかったように思います。

怪 その九十四 エレベーターの外側に

自分は、ビルのガラス清掃をしています。

お盆のこの時期は休みの会社も多く、年に一度の清掃などで大忙しです。

都内テナントビルの窓ガラスの汚れとは、だいたい3つの原因に限られます。

雨・排気ガス・指紋です。

雨で流された外壁の汚れがガラスについたり、排気ガスで油に埃が乗っかったり、内側は窓を開ける時や寄りかかったときに手を突いた指紋がついたり。

年に何度も定期的に清掃しているビルならば、ほとんどは雨の汚れか指紋程度で、軽く拭き取れるのですが、年に一度くらいしか清掃しないビルではそうもいかず、少し強めの洗剤や念入りな擦り拭きが必要です。

そのビルは、年2回の清掃をする現場でした。

バブルの頃に建てられたちょっと贅沢にスペースを取ったビル。

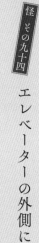

24階建てで、16階までが吹き抜けになっていて、屋内にシースルーエレベーターが設置されています。

この屋内シースルーエレベーターの夜間清掃をしてるときに、不思議なものを見ました。

屋内シースルーエレベーター、ちょっと解りづらいかもしれませんが、16階までは屋内吹き抜けがあるので、あくまでも、ビル内なんですね。

そのエレベーターの外側です。

通常、外側には行けないのですが……、手の跡が、あったんです。

ペタッとついた、手の跡。

そして、小さいんです。

ちょうど、子供サイズの……。

そのときの作業はふたりで行っていて、相方もしっかり見ていました。

しかしそのときは怖がりもせず、「なんでだ？」くらいの感じで、ササッと拭き取りました。

後でちょっと怖くなり、ネタとしてふたりで会社内にこの話を広めました。

その2週間後、会社にクレームの電話が入りました。

「手跡が付いてる」と。

自分は行かなかったのですが、その夜、相方から震える声で電話がありました。

「同じ場所なんだよ！　今度は2つ……」と。

怪 その九十五　思い出した回答

怪談……と呼べるかどうかわかりませんが、私の体験した話をメールさせていただきます。

私が中学生の頃、仲間内で「こっくりさん」のブームがありました。

私も何度か参加していたのですが、どうしても忘れられないこっくりさんの答えがあります。

だいたい、こっくりさんで質問するのは、どうでもよいことだったりするのですが、それもなんとなく思いついて尋ねた質問でした。

「おれの結婚相手の名前は？」

仲間のだれかが、意識的にせよ無意識にせよ10円玉を動かしてしまっているのだと思っていましたから、クラスの女子の名前など、ありきたりの名前を示すんだろうな、という予想がありました。

しかし、こっくりさんがしめしたのは
「〇〇子」

ちょっと古くさい名前でした。

そして、そんな知り合いは、学校には私の知る限りいませんでした。

次に
「何歳で結婚するのか？」

という質問には
「19歳」

という回答が返ってきました。

他にもたくさんの質問をしましたので、この回答もそのときはとくに気に留めていませんでした。

しかし、私は19歳で結婚し、妻の名前は「○○子」です。

こっくりさんのことを、結婚して数年してから、突然に思い出しました。ひょっとしたら私の記憶違いかもしれないと思うのですが、いっしょにこっくりさんをやった友だちに確認するのも怖くて、すでに結婚から20年ほどが経過してしまいました。

しかも、私はあといくつかの質問とその回答を、思い出しています。

怪 その九十六

テレビ画面に映る姿

1990年代はじめぐらいだったと思います。

ある日の夕方に祖母が、テレビで時代劇の再放送を見ていた時のことです。

突然、画面いっぱいに時代劇とは関係のない男性のバストアップが映り出したそうです。

その男性は洋服を着ており、よく見てみると、先日亡くなった、母の従姉妹にあたるキミちゃんの夫の、忠さんでした。

泣いたり笑ったりしている顔ではなくどちらかというと無表情、というより、普通にたたずんでいるような表情だったそうです。

時間にして10分ほど映って、その後は何事もなかったかのように時代劇の続きを見ることが出来たそうです。

そしてそのような出来事が、何日か続いたそうです。

その話を祖母がキミちゃんに話したところ返ってきた答えが
「ひょっとしてお骨を埋葬してないせいじゃないだろうか？」。

そのとき都合で供養する場所がなく、火葬だけすませ、遺骨を自宅の仏壇の前で保管していたそうです。

その後しばらくしてしかるべき供養をしたところ、忠さんは現れなくなったそうです。

以上、祖母から聞いた不思議な話でした。

この件で怖い思いをした人は誰もおりません。

しかし親戚が集まるとあれは何だったのだろうと話題になる話です。

怪 その九十七

覚えのある手の感触

真冬の夕暮れどきだったので、まだ17時ごろだったと思います。

私は炬燵に体を半分入れて、上半身は炬燵の外でゴロンと横になり、テレビでニュースを見てました。

その状態のまま、金縛りになりました。

目は開いていたのでニュースも見れました。

ただ、体が動かないだけです。

私の背中側にリビングの入口のドアがあり、すぐ横にキッチンがありました。

家には私しかいないはずなのに、ヒタヒタと裸足で歩いているような足音がドアのむこうからしました。

その足音はリビングに入ってくると真っ直ぐにキッチンへ。

しばらくして、ガラスのコップをコツンとシンクに置く音がしました。

そしてヒタヒタと、わたしのうしろで足音がしました。

真後ろに来て、その時、頭を撫でられました。

優しく、2回。

私には、その手の感触に、覚えがありました。

亡くなった母方の祖母がリュウマチのせいか、指先がかなり曲がり、特徴的だったのです。

次の瞬間、金縛りが解けて、私は弾かれるように飛び起きました。

しかしそこには、だれも居ませんでした。

私は横浜に住んでおり、祖母のお仏壇は札幌の叔母の家にありました。

叔母の電話番号を知らない私は、母にとりあえず電話しました。

今、おばあちゃんが来たみたい。

なんて話をしながらキッチンに行くと、誰も使ってないはずなのに、水滴の着いたコップが1つ、ありました。

それも母に話しました。

何日かして、母からの電話によると、叔母に電話してみたら、叔母さん、近頃忙しくってお仏壇に水もお茶もあげられず、1週間ばかりたっていたとのこと。
よっぽど喉が渇いてたのかな？
それにしても、横浜まで水を飲みに行くなんて、遠いねー。
あんたのこと気になって、見に行ったのかな。
なんて、母に言われました。
大丈夫だよ。
おばあちゃんのこと大好きだし、忘れてないからね。
いつでも来てね。
と、北に向かってそっと手をあわせました。

怪　その九十八

「忘れてくださいね」

タクシー運転手をしている友人の話です。

明け方4時ごろ、業務も終わりに近づき、会社へ戻ろうとタクシーを走らせていると、ある幹線道路のとても中途半端な場所で、セミロングヘアの女性がフッと手をあげているのが見えたのだそうです。

もう会社へ戻るところだったのに、まだ暗い時間に、見て見ぬ振りもできず停車すると、女性は静かに乗り込んできて、少し考えたあと
「運転手さんの行く方へお願いします。

私はいい頃合いで降ります」

と言うのだそうです。

お盆過ぎとはいえ、明け方は肌寒かったのに、水色のノースリーブのワンピース姿で、まるで着の身着のままどこかから逃げてきたみたいに、小さい巾着袋を持っ

ただけ。

なのに慌てた様子もなく、かといってのんびりした感じでもなく、タクシーに乗れたことに安堵したような息づかいだけは伝わってきて、とても不思議な女性だったそうです。

少し寒気がして、バックミラー越しにちらちら顔を覗き見ても、透き通るように肌の青白い女性の顔があるだけで、幽霊とも思えない。

いや、幽霊ってこんなのかもな、とか考えながら10分ほど走っていたらだんだん気味が悪くなってしまい、正直なところ、早く降りて欲しいという気持ちがピークに達した時、その心を読むかのように

「じゃあ、ここでけっこうです」

と。

女性は降りる間際にこう言ったのだそうです。

「もう、忘れてくださいね」

その言葉には、何か呪文のような響きがあり、彼は無我夢中で会社に戻ったそうです。

……この話を聞いた私が、「魔女みたいだねー」などと茶化そうとした時の彼の言葉には、全身が怖気立ち、いまでもずっと耳から離れません。

「何度もバックミラー越しに顔を見たのに、ワンピースの色も柄も覚えてるのに、髪型も覚えてるのに、顔だけがぽっかり思い出せないんだよ。

まるで、顔だけ、もともとなかったみたいに」

怪　その九十九
変なシャワー

思えば、30年近く前のことになります。

ある春の日、当時の彼と、都内の高層ホテルに泊まった時のことでした。

その日は、とにかく帰りを気にせずに飲むぞと決めて、ホテルに泊まることにしたと記憶しています。

お店をはしごし、とどめにホテルのバーでまた飲み、部屋に帰ったのは夜中の2

時を過ぎていたかと。

シャワーもそこそこに、ふたり、泥のように眠りにつきました。


ふと、物音で目を覚ました私。

「あぁ、シャワーの音か……」とまた眠り、どれほど経ったか、またシャワーの音で目が覚めました。

動きのないシャワーの音か、シャワー音とでもいうのでしょうか、ただ、濡れているだけといったシャワーの音に異変を感じ、

「ずいぶんと長いし、変なシャワーだな、見に行こうかな」

と思ったその時、隣ですやすやと眠る彼が目に入りました。

物音が彼のものではないと気づいた時には、私の体は、金縛りで身動きができず、動くのは目だけとなっていました。

どれ程の時間が経ったでしょうか、キュッキュッと蛇口をしめる音が聞こえてきました。

シャワーの音は聞こえなくなり、静まりかえる部屋……。

「まさか……出てこないで」と願った私でしたが、小さくカチャっとドアが開く音が聞こえました。

数秒の後、静かに静かに女の人が現れ、じっと私と目を合わせていました。

それは、とても長く感じました。

目を合わせることに限界を感じた頃、静かにその女性は彼に視線を落とし、彼の方に進んで行きました。

そして、ひざまづき、彼の顔の横に頬杖をつき、じっと静かに彼の顔を見下ろしていました。

「その女性が関心があるのは、私じゃないんだ、彼か……」と、恐怖の中にも安心した気持になった、その時、女性の伏せていた目が、ギョロっと私の方に向いたのです。

恐ろしい、見開いた目でした。

あまりの恐怖に、私は気を失ったと思います。

そして、どれほど経ったか、どれほども経っていないのか、自分の叫び声で正気を取り戻しました。

それからは、彼への説明もそこそこに数分で着替え、荷物をまとめ、部屋を後にしました。

この時から、ホテルにひとりで泊まることができなくなってしまいました。

怪 その百 右側から、私を踏みつけて

今から3年前の冬、16年一緒に生活していた犬のユウタが亡くなりました。
寝るのは私のベッドで一緒に。
寒い日も暑い日も。
ユウタは寝る時は必ず私の左側。
先に寝てる時もあれば私が先に寝て、後から入ってくる時も。
その時は必ず、右側からベッドにあがって、寝ている私の上を踏みつけて左に移動。
14キロもあるビーグル犬でしたので、かなり重たく感じました。

ご飯を食べなくなり、点滴しながら頑張りましたが、とうとう、最期の日がやってきました。

ずっと通っていた獣医さんに連れて行き、もう点滴しても元気になることはなく、動かなくなったユウタを泣きながら連れて帰りました。

その晩はずっと側についてあげました。

翌日、骨だけになって家に帰ってきました。

それからずっと泣いて暮らしました。

長く一緒に暮らした生きものが死ぬ経験は、初めてだったのです。

そして、2週間ほどすぎた頃の夜。

何となく寝つけなくて横になっていたら、金縛りになったあとに、部屋に足音が入ってきました。

足音は、ベッドの右側からあがって、私の上を踏みつけて、左に行きました。

そこで金縛りがとけました。

ユウタだ！

不思議と怖くありませんでした。

むしろ嬉しかったです。
メソメソしている私を元気づけにきたんだ、と。
その年の秋に偶然ユウタと同じ誕生日の犬に出会いました。
まだ生まれたばかり。
迷わず飼うことにしました。

怪 その百一　忘れると、夢に

私には、忘れた頃になると夢に出てくる人がいます。
現実の知り合いでは、ありません。
最初に彼と会ったのは、中学生の頃でした。
私は、何かに追われて逃げている最中でした。
25歳くらいの女性、50代くらいの男性の三人で逃げており、私だけこけてしまいました。

捕まりそうになった時、彼が助けてくれました。

ふたりで廃墟に逃げ込み、何とか助かりました。


次に会ったのは、大学生の頃でした。

小学生の頃の友だちと川遊びをしていると、ひとりが、俺の友だちを紹介すると、彼を連れて来ました。

私が成長した様に、彼も大人になっていました。

はじめまして、と挨拶すると、前にも会ったよと言われ、思い出しました。

その後、彼と一緒にみんなで川遊びをして終わりました。


そして、最後に会ったのは、私が社会人一年目の時でした。

私は夢の中で企業に就職し、新人研修を受けていました。

はじまってから少し経つと、ふたり組の男性が入ってきました。

話を聞いているとどうやら先輩らしく、ひとりは私の隣に座りました。

そこで、ちらっと顔を確認すると、彼と目が合いました。

はじめましてと挨拶をすると、彼から、嫌だなー、何回も、俺のこと忘れちゃったの？　この間、みんなで川遊びしたじゃん！　と。

あ、ずっと夢に出て来てる彼だと思い出しました。

なぜか、忘れてたと素直に言えず、

「忘れるわけないじゃないですか。

覚えてますよ、〇〇君のお友だちでしょ？

この間は、ありがとうございます」

と言ったら笑顔で、よかったと言い、そこで夢は終わりました。


彼が誰なのか、実在するのかは分かりません。

もし、そこで忘れてたと言ったら、何か違うことが起きてたのか？

彼のことを、忘れないようにしてからは、夢に出てきません。

怪　その百二

何かが待ち受けている

上司が体験した話です。

友人と山道をドライブしていた時のこと。

上司は霊感体質で、先に何か待ち受けていると、わかるタイプです。

その日、カーブに差し掛かる前から、嫌な予感がしていたそうです。

カーブにはカーブミラーがあり、信じられないことですが、そのミラーから、人の上半身が生えていたそうです。

しかも人の大きさではなかった。

それははっきりと見え、運転していた友人も「やばい、やばい」というくらいでした。

通り過ぎた後で、どう見えたか話し合ったところ、
上司は白い帷子を着た白髪のおじいさん。

友人は、白いポロシャツを着たおばあさん、に見えたそうです。

それからまもなくして、運転していたその友人は亡くなりました。

あれは、今まで見た中でもひじょうに悪い部類に入ると、上司は語っていました。

怪 その百三 和室を見ないように

3年前の10月の出来事です。

家人たちは外出していたので、家には私ひとりでした。

よく晴れた日でしたが、強風のため洗濯物をベランダに干せず、居間とその隣にある和室の間にある鴨居に干すことにしました。

居間と和室の境目で居間側に立ち、左下（居間側）に置いた洗濯カゴから洗濯物を取り、皺を伸ばしてハンガーを通し右上の鴨居にかける。

10枚近くあったTシャツなどをどんどん干していきました。

機械のように、ただ黙々と。

左手で洗濯物を取り、ハンガーを通して右手で鴨居にかける。

左手で洗濯物を取り、ハンガーを通して右手で鴨居にかける。

左手で洗濯物を取り、ハンガーを通して右手で鴨居にかける。

そして最後の一枚を鴨居にかけようと右手を上げた時、チラッと〝青いモノ〟が視界の右端に入ったんです。

何だろう？　と思い、ハンガーを持った右手を上にあげたまま視線だけを右（和室）に移し……、すぐに後悔しました。

〝青いモノ〟は着物でした。

しかも白というか灰色の肌をした、ボサボサ頭の女の人が着ている着物です。

もちろん家族の誰でもありません。

ひび割れた肌と唇。

鼻の辺りまで前髪がボサボサとかかっているため目は見えず、少しうつむいた状態で、私の右斜め後ろ30㎝ぐらいのところに佇んでいました。

何が怖いって、30㎝は離れているはずなのに、まるで至近距離で見ているかのように肌の質感や髪の質感がわかる（見える）んです。

今にも動き出しそうなガサガサの唇の皺まで。

何とか可及的速やかに消えてもらわないと！　とっさに思い浮かんだ対処法は〝（幽霊に）見えてるとバレるとしつこくアプローチされるので、見えていても見えてないフリをするといい〟

というものだったので、

「さて、今日のお昼は何を食べようかな〜。ふんふ〜ん（鼻歌）」

と、口には出さず、必死で頭の中でオムレツやパスタを繰り返し思い浮かべ、

「私は何も見てませんよ〜」

という雰囲気を出しながら、ぎこちなく最後の洗濯物を鴨居にかけ、和室を見ないようにして洗面所に移動しました。

数分後、呼吸と気持ちを整えて居間に戻ると、着物の女性は消えていました。

その後、その女性はお見かけしていません。

怪　その百四

北側の部屋ばかり

わたしは小学生の頃から結婚するまで、県営住宅住まいでした。

今でも母と妹が住んでいますが、15年以上住んでいる我が家は、住みはじめた頃からずっと「出ている」みたいです。

わたしはまったく霊感はありませんが、妹が少しだけ見えないものを感じる力があるので、そのことを知りました。

我が家はあまり広くないので、ずっと妹とふたり部屋で、二段ベッドで寝起きしていました。

住みはじめた頃、上段で寝ている妹が下段で寝ているわたしに、夜中に声をかけて起こしてきました。

妹「お姉ちゃん！　起きて！　起きて！」

わたし「どうしたの〜？」

妹「今日は上と下交代して寝てみない？」

わたし「？？　別にいいけど～？」

こんな具合で、深く考えることもなく寝場所を交代して眠りました。

翌朝、妹に理由を尋ねてみると。

妹「だって、本棚と天井の間に人が座ってて怖かったんだもん！」

本棚の天板と天井の間の50センチほどの隙間に、成人男性ほどの真っ黒い影のような人が、体操座りをしたまま、横向きに寝た状態でピッタリおさまっていたのだそうです。

そんな怖いものが見えてるなら、わたしを上段に寝かせるな～！

と思ったものです。

先日妹に会った時に「最近まだ出る？」と聞いたら、
妹「前ほどじゃないけど出るよ。この間は夜中にわたしの勉強椅子に座ってたよ」

ただの全身真っ黒い人影が部屋のあちこちに出るのですが、なぜかわたしと妹の過ごした北側の部屋ばかりに現れます。

妹はすっかり慣れてしまって怖いと思わなくなった、と言っていました。

怪　その百五

穴から出るために

友人のお父さんは、戦後、炭鉱でしばらく働いていたそうです。
作業が終わり、ふと見ると、奥にまだ人がひとり、立っていて。
その人は次の日も、また次の日も、たたずんでいて。
どうやら、見えるのはお父さんだけだということに、そのうち気づきました。

何日かして、もう何年もそこで働いている先輩に打ち明けました。
先輩はその容貌を聞くと、「ああ、そうか」と。
その日の作業の終わり、先輩は男の方向に向かって。
「○○さん、こんなところにいたのか、じゃ、帰ろうな」
と言ってお父さんに「おぶっていってやれ」と。
そのときお父さんは、たしかに背中に「ずしり」という重さを感じたそうです。

帰り道、先輩はずっと話かけていたそうです。

今梯子をのぼっていること、右に曲がる、少し下におりる、など、事細かに道順をその都度口に出して、そして、おまえはあのとき、死んでしまったこと。お葬式もあげ、残された家族はちゃんと元気でいること。

「ほら、出口だよ、ちゃんと成仏するんだよ」

そのとき、たしかに、背中が急に軽くなったそうです。


なんでもお父さんが働き出す少し前、その炭鉱で事故があり、先輩いわく、「本人も死んだことがわからないような死に方」をした人だそうです。

穴でそういう死に方をした人は、ほんとうは遺体を運び出すとき、きちんと道順をとなえながら説明をしてあげないと、魂は穴から出られないということです。

怪 その百六

8月の人

もう30年ほど前のこと。

私の知り合いが当時、古い市営アパートに家族と住んでいました。

彼女によると、このアパートに越してきてから、毎年8月のある時期になると、奇妙なことが起こるのだそうです。

毎晩ではないのですが、深夜になると台所あたりから誰かが歩いてきて、寝ている彼女の部屋に入ってくるのだと。

本人も不思議がっていましたが、深夜の暗がりの中、その誰かの姿は黒い影に見えるのだそうです。

その影が現れると彼女の身体は動かなくなり、なんとか動こうと焦る彼女の胸の上にずしりと座り、その重苦しさにもがくうちにいつの間にか眠ってしまうのだと言っていました。

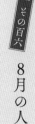

ある時、彼女の友だちが泊まりにやってきて一緒に寝たのだそうですが、その時も影は彼女の胸の上に座っていったそうです。

特に悪さをする訳でもなく、話しかけてくる訳でもなく。

現れるのは8月のうちの数日間で、8月を過ぎると現れなくなる。

彼女のはその影を「8月の人」と名付けたのですが、とある年の8月のこと。

彼女のお母さんがふと思いつき、寝る部屋を交換してみよう、と言い出したのです。

その頃、彼女のお父さんは入院していて留守だったというのもあり、その夜はお母さんと寝る部屋を交換することになりました。

そしてその日の深夜、例の通り台所から静かな足音がして、黒い影がすうっとお母さんの寝ている彼女の寝室に入ってきたそうです。

そしていつものように胸の上に乗ったのですが、何が違うことに気づいたらしく、寝たふりをしているお母さんの顔を覗くように頭をぐっと顔に近づけてきたそうです。

お母さんも怖くなり、必死で寝たふりをしたそうですが、やがて影は音もなく胸から降りると、すうっと台所へと帰っていったそうです。

それを最後に「8月の人」は現れなくなり、その翌年もその次の年も、もうずっと現れていないそうです。

8月の人が誰だったのかはわかりませんが、8月の人にとって彼女がなんなのかもわからないのです。

怪 その百七
「今の、見えました?」

私には霊感がありません。

怪奇現象に遭遇したこともなければ、「嫌な空気を感じる場所だね」と周囲が言っても、ひとりピンとこなかったりする、鈍い感覚の持ち主です。

ですが、見える人は見えるのだなあ、と、第三者の立場で体験した話です。

買いものに出掛けた帰りに電車に乗っていました。

夕暮れを過ぎた、帰宅ラッシュがそろそろ始まろうかという時間帯でした。

座席は空いておらず、乗り込んできた人に押されるように、反対側の扉の真ん前に立つかたちになりました。

私の横、扉の両脇には、それぞれ、40代と20代くらいの女性が立っていました。

その状態のままいくつかの駅を通り過ぎ、ある駅を発車した時でした。

私はぼーっと窓の外を見ていました。

ゆっくりと加速しながら、電車がホームを通過していきます。

そのホームが途切れる瞬間です。

両端に立っていた女性ふたりが、同時に、まるで何かに怯えたかのように身体をビクッと動かしました。

ほんとうに、同時に動かしたので、私は思わず彼女たちを見つめてしまいました。

ふたりが、顔を見合わせていました。

何とも言えない硬い表情をしています。

その時に聴こえてきた会話です。

「……もしかして今の、見えました？」

「はい。いきなりでしたね」

「普段は見えないように気を付けているのですが……」

「あ、わかります。私も同じです」

「男の人、でしたよね」

「ですね」

「いくらなんでも、扉に張り付かなくても……」

もちろん、お互いに知り合いではないようで、それきりぎこちなく会話は途絶えました。

一方の女性は、何駅か後に降りていきました。

扉の目の前にいた私には、もちろん何も見えませんでした。

ただ、見えないほうがいい景色も、この世にはあるのかもしれないなあ、と思いました。

このまま、見えないままでいられますように……。

怪 その百八 黒いふわふわとした塊

塾の先生から聞いた話です。

休日、3歳の娘さんと自宅で遊び疲れ、うたたねしてしまった時のこと。

うとうとしている先生の足の裏を、娘さんがふざけてくすぐってきました。

「まだ遊んで欲しいのかな?」

そう思って起き上がろうとした時、ふと隣を見ると、娘さんは熟睡しています。

しかし、足元には、娘さんの頭だと思った、黒い髪の毛のような塊がうごめいています。

怖くなって思いっきり蹴飛ばしたところ、その塊は猛スピードでコロコロと転がりながらカーテンを駆け上り、パッと消えてしまいました。

駆け上る時、小さな手足のようなものが見えた気がしました。

さらに翌朝、先生が玄関先でゴミ出しをする準備をしている奥さんをそれとなく見た時、昨夜の黒い塊がふわふわ宙に浮いて、奥さんの腰あたりにまとわりついていました。

ぎょっとしたのもつかの間、奥さんが玄関の扉を開けたらその隙間から外に出て行ってしまいました。

その様子を一緒に見ていた娘さんが、「あーあ、行っちゃった」。

「目撃したのは一瞬のことだったし怖かったけど、嫌な感じはしなかったんだよ。水木しげる先生の描いている『まるげ』という妖怪に似ているんだけど、そっちは赤色なんだよなぁ」

とおっしゃっていました。

それ以来、一度も見かけていないそうです。

怪 その百九 愛するものと別れて

高校生の時の話です。

小学生の頃から可愛がっていた愛犬（ララ）が死んでしまい、私は毎日、家でも学校でも泣いていました。

ある晩、夢に愛犬が出てきました。

小型の可愛らしいマルチーズなのですが、夢の中ではかなり大きな犬で、男性の声で喋るのです。

私は怖くなってしまい、泣きながら「もう帰って」と頼むと、「お前がいて欲しいっていうんだから、いてやるよ」と居座ってしまう、という夢でした。

朝起きて、母にその話をしたところ、母は
「ララちゃんは天国に行きたくて、わざと怖い姿であんたが思い出せなくなるよう、脅しに来たんやな」

と言います。

昔、母がまだ子供だった昭和初期、母の叔母が子供を亡くし、毎日お墓に行って泣いていたのだそうです。

ある日も、亡くなった娘が好きだった柿を持ってお墓へ行き、柿を下げて帰ろうとした帰り道、突然、子供がひとり、叔母が持つ柿を盛った籠に飛びつき、柿を食べはじめたのです。

その子は、ボロボロの着物に髪を振り乱し、口は耳まで裂け、目がギラギラとした「鬼」でした。

しかし、紛れもなく、叔母が亡くした子供の顔だったのだそうです。

叔母は必死に子鬼を振り払い、お寺に駆け込みました。

その時、住職様に
「亡くなった人は、この世で嘆いている人がいると安心してあの世にいけない。

だから、怖い思いをさせて、その人が思い出せないようにするんですよ。

あなたも、もう泣くのをやめて、娘さんを成仏させてあげなさい」

と言われたのだそうです。

その話を聞き、私も愛犬を思って泣くのをやめました。

しかし、うちの愛犬はまだ成仏してくれないようなのです。

その後もずっと、亡くなって30年経った今も、私の夢に出てきます。

すっかり毛はボロボロで、痩せ細った姿なのですが、私は夢の中で、いつも愛犬を腕にしっかり抱きしめています。

怪 その百十
椅子の端の指

あれは小学校3年生の、夏休みの終わりのことです。

夏の間に遊びまくった私は、その日、久しぶりに座った学習机で、あとまわしにしていた宿題の漢字ドリルを、とにかく必死で埋めていました。

時刻は夕方、たそがれ時。

そろそろ薄暗い室内で、部屋の明かりもつけず、一心に手だけを動かしていたように思います。

ふと気付くと、短パンをはいた左ふとももに、何か冷たいものがあたっています。しばらくは、あまり気にせず、ドリルに集中していたのですが、その一点だけが、どんどん冷えてくるのです。

そのうち、あまりの冷たさに、左側をのぞきこみました。

椅子の端に、白い指が一本、下から引っかかっており、それが私のふとももにあたっていました。

「……!!」

声も出ず、ものすごいスピードで、椅子から飛び離れました。

もちろん、椅子の下には誰もいません。

でも、漢字ドリルは、今日中に仕上げないと、間に合いません。

動悸が落ち着いた頃、再び机に戻った私は、その後も、晩ご飯で母親に呼ばれるまで、漢字ドリルに取り組み続けました。

その後、白い指は、一度も現れませんでした。

この体験の不思議さよりも、かなり怖かったはずなのに、宿題を終わらせるために机に戻った当時の自分を、40代の今思い出すと、ちょっと泣きそうになります。

怪 その百十一 あぁなるほど、これが。

これは、わたしが結婚して移り住んだ町の、地元の本屋のおじさんに聞いた、実話です。

その町は大きな不動産会社が山奥を切り開いて作ったニュータウンで、もともと凄い山の中です。

ある日、おじさんが雨の夜に車で山道を走っていると、前方の何もない広々した草むらに、突然女の人がスクッと現れたそうです。

その人はすらりと長身で、カッコ良く、トレンチコートを着てパンツスタイルで、雨の中でモデル立ちしていたそうです。

突然現れたことと、そんな場所にそんな都会風な女の人がいることがとても不自然で、えっ、なんでぇ？　ととても驚いたそうです。

女の人は真っ直ぐ堂々と立っていて、顔を上に向けているのに、ストレートの黒髪が顔にかかっていて、目はよく見えないけど赤い唇はハッキリ見えたそうです。

笑っているようだったそうです。

真っ暗なのになぜかその人だけはくっきりと見え、おじさんが、えーっ、えーっ！と驚いている間に、女の人は、ザクッザクッと何でもないように、さらに山の方に歩いて行ったそうです。

えっ、そっちはそれこそホンマに何にもない山の中やのに！　と思ってから、ハッと。

「ほんで俺な、あぁ、なるほど。

これが狐か。」

と唐突にわかったと言いました。

おじさんは地元の人で、子供の頃から、お祖父さんお祖母さんの語る「狐が化ける」話を聞いていたそうです。

でも、見たのは初めてだったそうです。

怪 その百十二 小さな池の近く

歩いて15分ほどのところにある本屋からの帰り道のことです。

まだ日が高く、明るかったのを覚えています。

本屋から家への途中には小さな池があり、車はたくさん通るのでにぎやかな道ではありますが、なんとなく気味が悪いと思っていました。

さっさと通り過ぎようと、少し足早に家へと急ぎました。

ですが、池を半分ほど通り過ぎたところで、突然。

私の足は動かせなくなりました。

ぐっと足を押さえられているようでした。

道の脇に生えた草が足に絡んだのかと確認しましたが、足にはなにもついていません。

私は驚いて、何度も何度も足を思い切り引っ張り、ようやく動くことができました。

そこからは後ろを見ず、小走りで家に帰りました。

家に入り、玄関を閉め、鍵もかけて、ジーパンの裾をめくってみると、足首にはくっきりと、手の跡がついていました。

なにかが私の足を掴んでいたのです。

もしかしたら、池に引き摺り込もうとしていたのかもしれません。

池の近くに住んでいた友だちは、自宅の階段で女の生首を見たことがあるそうです。

あの池にはなにかあるのかもしれません。

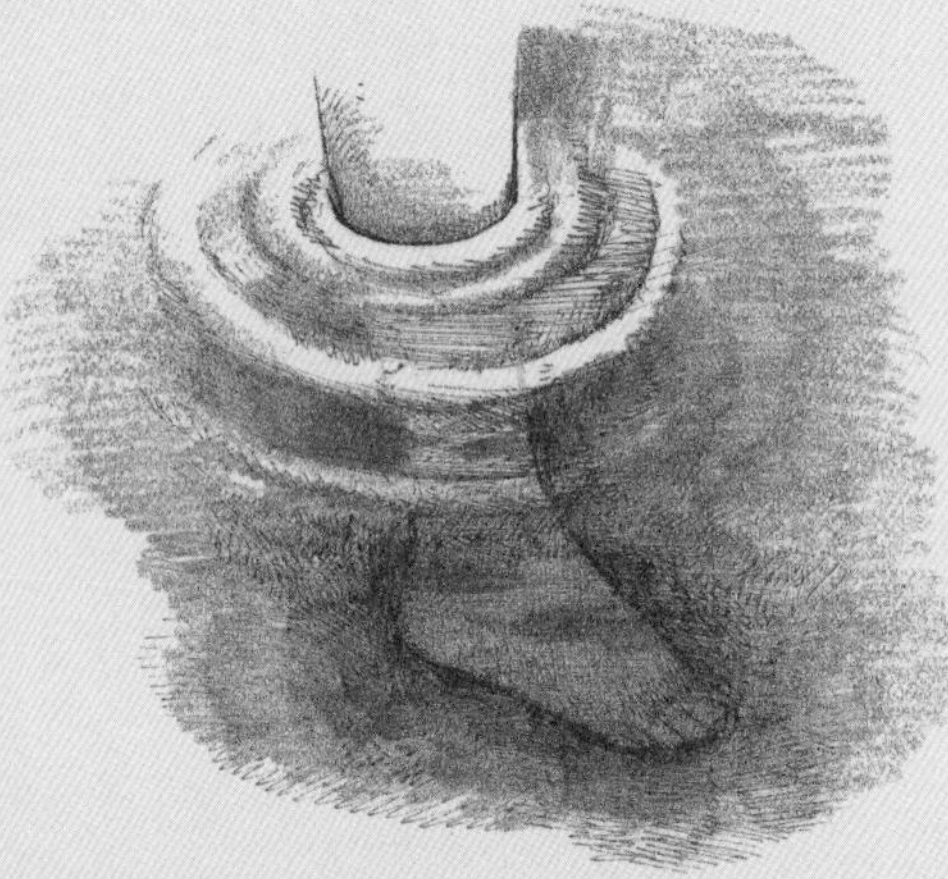

怪　その百十三

猫と渡り廊下

30年程前のことです。

当時の私の部屋は、増築した棟にあって、母屋には棟同士をつなげている渡り廊下を通らなければ行けませんでした。

中庭を挟んだ建物だったので、渡り廊下は5メートルほどあり、ちょうど真ん中には左右に掃き出し窓がありました。

その夜、一緒に部屋にいた飼い猫を抱いて、渡り廊下への扉を開けかけた時。

猫が突然、フーッ!!　と毛を逆立て、私の腕に爪をたてました。

抱かれることが大好きな猫だったので、どうした？　と猫を抱きなおし、ふっと顔を上げると。

開き切った、渡り廊下への扉の、ちょうど私の目線と同じ高さに、真っ黒な長い髪の毛がうねうねと空中に舞った、男とも女とも分からない、激しい形相の生首が浮いていて、私を睨みつけていました。

あまりのことに声も出せずにいた私でしたが、腕の中の猫が再び、私の腕に爪を立て、今度は、唸るように「ギャォォ……」と、喧嘩をする時のような声を出したかと思うと、あっという間に、渡り廊下に向かって飛び出しました。

すると、生首は、目玉をぐるっとまわした後、猫に追われるように、そのまま掃き出し窓のところまで下がり、突然、キュポン！　というような変な音とともに、窓ガラスを通り抜け、外に出て行ってしまいました。

猫を追うように私も渡り廊下を進み、私が窓から外を見た時には、通りを挟んだところの大きな竹藪の中が何となく光っているような感じはありましたが、生首はもう見えなくなっていました。

猫はしばらく、外に向かって唸り声をだしていましたが、ふっといつものように、抱き上げろ！　と私の足にまとわりつきはじめたので、それでようやく私も、止めていた息を吐きだすことができました。

それから私は実家を出るまで、夜中は猫と一緒にしか渡り廊下を通らないように、用心をしていました。

それ以来、生首は現れることはなく、また、その数年後竹藪はなくなり、半分は道路に、もう半分は新しく住宅が建ちました。

飼い猫は亡くなるまで、その渡り廊下で、竹藪側を向いていつも昼寝をしていましたが、それがあの生首のせいだったのかはわかりません。

でも、今でも何となく嫌な気配を感じると、その猫の名前を呼ぶようにしています。

怪 その百十四 私からの留守録

これは私と家内が18年前に体験した、気味の悪いお話です。

私と家内（当時は彼女）は、結婚が決まり、同居の日用雑貨を購入するために、近くのスーパーに買い物に来ていました。

その日は平日の夕方だったこともあり、勤め帰りのＯＬや主婦、単身赴任らしきサラリーマンなど、たくさんの人が買いものに来ていたと記憶しています。

家内と店内を見てまわり、細々としたものを買っている最中に、家内の携帯電話の「着信アリ」のお知らせランプが点滅していることに気が付きました。

多くの人で店内が賑わっていたため、着信があったことに気がつかなかったようです。

「誰からだろう?」ということで、携帯のモニター画面を見ると、ほんの3分前の着信で、発信相手は、なぜか、私からとなっています。

「……!?」

当然、一緒に行動をしている私がとなりにいる家内にわざわざ携帯電話をかけるなんてことはしません。

急いで私の携帯電話の履歴を確認しましたが、家内に発信した履歴はありませんでした。

「何これ!?」と不安になりつつ、家内の携帯画面をよく見ると、留守録があることが表示されています。

留守録を聞くか聞くまいか迷った挙句、好奇心には勝てず、怖いもの見たさに聞いてみると。

スーパーの喧騒の中、子供か大人かよく分からない声で

「お母さ〜ん、お母さ〜ん」

と何度も叫ぶ声が録音されていました。

私たちが店内にいた間、迷子の子供は見かけていません。

この留守録を急いで消去したことは、言うまでもありません。

怪 その百十五　顔を見に来た

小学生になってまもなくの頃の話です。

当時、私の家は木造平屋の住宅に、父母と兄と、父方の叔母と住んでました。

ある日のことです。

お昼すぎに学校から帰ると、家には誰もいませんでした。

部屋で何をすることもなく、畳の上に寝転び、天井を見上げてボーッとしてました。

その時、頭の方にあった茶箪笥の上から突然、見知らぬおじさんが深い穴を覗きこむようにぬっと出てきて、私を見ても表情をかえることなく、すっと顔を引っ込めました。

一瞬泥棒かと思い驚いた私は、そのまま家を飛び出し、家族が帰るまで家に入れませんでした。

その後、落ち着いて考えると、いくつもの奇妙な点に気づきました。

まず、何の音もしなかったこと。

それから、茶箪笥は壁際にあり、奥行きも70センチ程しかなく、どう考えてもおじさんが乗っかるにはスペースが狭すぎます。

それから、おじさんと目が合って驚いたけれど、なぜだか恐怖は感じませんでした。

子供ながらに、あの人は血の繋がったご先祖様なのかな、って直感しました。

あれから、40年ほど過ぎて自分もすっかり年を取り、おじさんになりました。

この頃、ふっと思うのです。

あのときのおじさんってもしかして自分だったのかなって……。

この世を離れる瞬間に、子供の頃の自分を覗きに来たのかなって。

毎朝、鏡に映る自分の顔を見るたび思うのです。

怪　その百十六

うわさの踏切

30年ほど前の体験です。

その日私は、当時流行っていたロング丈のサーキュラースカート（広げると円になるほどボリュームのあるスカート）のワンピースを着て、自転車で街中に買い物に出掛けました。

我が家の５００メートル程手前には、日中は1時間に1本くらいしか電車が通らない、長閑な単線の鉄道が通っております。

帰り道。

そこを渡る、ひとがあまり通らない小さな踏切の手前、５メートル程の場所に差し掛かった時のことです。

いきなり、乗っていた自転車のペダルがびくともしなくなりました。

不思議に思って後ろを見てみたところ、何とスカートの裾が後輪に絡まってきつく食い込んでいました。

慌てて裾を引っ張って何とか外そうとしたのですが、引っ張れば引っ張るほど、逆にきつく絡まってどうしても外すことが出来ません。

そのうちに、なぜか、自転車がフラフラと前に動きはじめました。

私は身長が160センチあるので、両足ともしっかり地面についていたのに、なぜか踏み止まることができず、自転車は勝手にどんどん前に進んで行きます。

慌てる私を乗せたまま、自転車はとうとう踏切の中まで入って行き、そこで前輪がクイッと横に曲がり、踏切内のレールの窪みにスポッと挟まって抜けなくなりました。

そして、踏切の真ん中で思い切り横倒しになってしまいました。

私は自転車を何とかレールの窪みから外そうとしましたが、いくら引っ張っても抜けず。

しかも、スカートも後輪に絡んだまま外せず。

踏切に、自転車ごと縛りつけられたような格好になってしまいました。

しかも、見渡す限り、誰かが通りかかるような気配もありません。

私は必死で自転車を引っ張り続け、何とかレールから外すことができたのですが、スカートは外せなかったので、仕方なく倒れた自転車ごと這って踏切の外まで移動し、踏切の外まで脱出したところで、スカートを引きちぎって、やっと自転車から解放されました。

慌てて踏切内に戻って、辺りに散乱した自分の荷物を拾い集めて自転車のカゴに戻しましたが、自転車は完全に壊れて、タイヤが動かなくなっていました。

壊れた自転車を引きずりながら歩き出し、ほんの20メートルばかり進んだところで、背後で踏切の警報機が鳴り出し、遮断機が降りました。

私はすんでのところで、命拾いしたのでした。

この踏切は昔から地元では事故が多いことで有名で、中学生が歩いて渡っていて、靴がレールに挟まって動けなくなったまま事故に遭ったとか、世間話をしながら歩いていたグループのひとりが、警報機が鳴っているのにどんどん中に入って行ってしまい、仲間が慌てて引きずり戻したところ、本人はまったく警報機の音が聞こえていなかった、だとか。

さまざまな噂話は私も子供の頃から聞かされていたけれど、まさか自分が恐ろしい体験をする羽目になるとは思ってもみませんでした。

私にとっては、引きずり込まれたとしか思えないこの体験。

あれから30年以上経ちますが、私は今だに怖くて、踏切をひとりで渡ることができません。

怪 その百十七　目の上の目

仕事での疲労が溜まると、金縛りに時々あった。

ちょうど一年前も、疲れて横になっていると、ざわざわとした気配が。

「これはまたくるな」

と腹をくくると、左に横向きに寝ていたのだが右頬がずん、と重たくなった。

「何かが乗っている」

そう思って恐る恐る右目を開けると、白目の面積が大きい目と、目が合った。
それも頭部だけ。
私の顔面右側に睨みをきかせた頭部が乗っていたのだ。
怖さもあったが、
「こんなに疲れてるのに、なんでこんな怖い思いせんとあかんの？」
と怒りがこみ上げて、睨み返すと、ふっと重さも頭部も消えてなくなった。
右頬を触ると、汗なのか何なのか、濡れていた。
右頬だけが。
負けん気が強くて良かった。

怪 その百十八

なぜ、ここにいるんだろう？

数年前の、ある暑い夏の夜に経験したことです。

真夜中、ふと目を覚ますと、寝室の片隅の、窓の外から入ってくる街灯の青白い光の中に、彫りが深くて色の白い、外国の人が3人立っていました。

女性がふたり、男性がひとり。

両脇の男女は、〝なぜ、わたしたち、ここにいるんだろう？〟というような、呆けたような顔をしているのですが、真ん中の背の高い女性だけが眉間にしわを寄せ、私をじっと睨んでいました。

なんだっ？　と驚いて飛び起きると、もう、だれもいません。

ただ、青白い光がぼうっと差し込んでいるだけでした。

その朝、すぐ妻にその話をしたときは、あまり本気で信じた様子ではなかったのですが、翌日、青い顔をしてその日の朝刊の地方版の記事を、私に見せます。

私が、その3人を見たのとほぼ同じ時間に市内の国道で、日本に出稼ぎに来たと思しき外国人の男女3人が、交通事故で亡くなった、との記事でした。

怪 その百十九　振り返るのはやめた

10年以上前の話です。

父が入院して心臓の手術をすることになり、仕事帰りに病院に寄るのが日課になっていました。

現在その病院は移転して建て替わっているのですが、当時は駐車場と病院が離れていたので、送迎バスが出ていました。

しかし私が行く時間には送迎バスは終わっていたので、歩いて通っていました。

幹線道路沿いを通るのですが、病院と駐車場の間にはどこかの会社と空き地だけで民家はありません。

途中、線路の下を道路がくぐるようになっていて、車道と歩道はコンクリートの壁で仕切られているので小さなトンネルになっています。

ある日の病院からの帰り道。

誰も通らないなーと思いながら歩いていました。

小さなトンネルになっている歩道に少し入ったところで、後ろから、「ジャリ」というような、小石か砂利を踏みしめたような音がしました。

誰も歩いてなかったはずなのに……、と思いながら振り返ったら、下半身だけの人がこっちを向いて立っていました。

作業ズボンにスニーカー、その色まではっきりわかるのに、向こう側が透けて見えています。

怖いというより、びっくりした、という感じでした。

それからしばらくして、仕事場から駐車場までの帰り道、大きな交差点にかかる歩道橋を渡っていました。

交差点の道路全部にかかっているので、歩道橋が４本、四角くかかっています。

その時私は熱があって少しボーっとしていたのですが、サラリーマン風の男性が

3人、向こう側の歩道橋を歩いているのを見ていました。

歩道橋の階段を下りる時、ふと見ると、3人いたと思っていたサラリーマンがふたりしかいません。

あれ？　と思って、何となく後ろが気になったので振り返ったら、誰もいませんでした。

それでも気になったので今度は反対向きに振り返ってみたら、私の真後ろに黒いコートを着た男の人が立っていました。

これも怖いというより、すごくびっくりしました。

私自身、霊感はないのですが、霊感がある人との縁が多く、その当時は行者さんとご縁があり、そういう世界に触れることがあった時期でした。

霊感の強い人と一緒にいると影響される、と聞くので、私もあの時期そういうアンテナが立ってたのかなーと思っています。

今はまったくありませんが、あれ？　と思っても、振り返るのはやめようと思います。

怪 その百二十　お父さん、おかえり

単身赴任だった父が、突然倒れ、意識不明のまま40日後、他界しました。

納骨を終えて数日後、実家の母から
「お父さんが帰って来た」

と電話がありました。

母は一階の玄関に近い部屋で寝ていたのですが、最近、毎晩母が眠りにつくと玄関の鍵をそっと開け、二階の父の寝室へと階段を上る音が聞こえるそうです。

それは、生前に父が朝早い母を起こさないように、静かに帰宅する足音と同じだと言うのです。

父の隣の寝室だった兄も、同じ足音を毎晩聞いていました。

その週末、ひさしぶりに実家に帰った私は、子どもの頃と同じように父の寝室で寝ました。

真夜中にふと目が覚めた時、ギシッ、ギシッと、階段を上る音が聞こえました。
不思議と怖くもなく、ああこれか、と落ち着いて聞いていました。
ゆっくり階段を上る足音が止み、すうっとふすまが開きました。
「お父さん、おかえり」
呟いたところで、私は寝てしまったようです。
翌朝、母にそれを話すと、
「知ってる。
お父さんの足音がしたから、おまえが二階にいるよ、って声をかけたのよ」。
それ以来、足音はしなくなったそうです。
淋しい幼少期を過ごし、家族の温もりを人一倍求めていた父でした。
生きていれば、毎日抱きしめて「おかえり」を言ってあげたい。
この気持ちが父に届いていればいいなと、10年以上たった今も思います。

Yuko. Higuchi

読む怪談は心霊業界の良心だ

元来、怪談話というものが大好きだ。『雨月物語』や『四谷怪談』の様な古典のものもよろしいのだが、現代人の体験談というものが大好物だ。

怪談だけでなく心霊写真や素人が撮ったビデオに映りこんでしまう系も大好物だったのだが今はそうでもない。

昨今、CGの技術が半端ない。映画好きにとっては、とても素晴らしいことだが、この心霊映像業界にのみ、とても悲しい結果をもたらした。

おわかりいただけたであろうか…という決まり文句でおなじみの動画は、あの世の人たちが瑞々しくくっきりと映りこみ、それを観たテレビの中の人たちが大袈裟に悲鳴を上げ驚く。

視聴者をなめとるのかそれともこれはもうエンターテイメントなのか

とテレビの前で悲しくなっていた。

昔、写真に映りこむあの世の人たちは、もっとこう、ボワ〜ッと、控えめだった。

恐怖体験談再現ドラマに関しても文句があるぞ。

名の知れたアイドルや著名な役者を使い過ぎている。

無名の顔も知らない役者を使ってくれないとリアルじゃない。

私が子供の頃やっていた『あなたの知らない世界』は素晴らしかった。

普通の人が淡々と演じる質素な再現ドラマが、いかにも身近にありうる出来事に見えてすごく怖かったのを覚えている。

見えるはずの無い方々がそんなに元気よく映るのは、全くつまらない。

とはいえ、惜しい人たちが次々と向こうに渡ってしまい、あの世の方が楽しそうだけどね。

ただこんなにも心霊ものが好きな割にはお化け屋敷は怖くて入れない。

あれは生身の人間にいきなりワッと脅かされるのが怖いからだ。

心臓に悪いだけだ。

話がちょっとそれてしまったが、とにかくこの本のような怪談が大好きなのだ。

文字として目や耳にいれる怪談は自分好みの想像力を否応無しにかき立てられる。

怪談は、現在のCGで荒れた心霊業界の良心だ。

そういえば表紙と挿絵を描かれているヒグチユウコさんと仕事しながらの長電話をしていた時に、彼女が学生時代に合宿所かどっかで体験した怪談は怖くて最高だった。また話し上手だからワクワクした。

彼女は将来、孫に夜な夜な怖い話を聞かせて泣かせる良いのんのん老婆になるに違いない。私もまた聞きたい。


ここで自分には霊感というものが皆無だと思っていたが、少しはあるのかもしれないと感じた私のほんのささやかな話をしよう。

1つ目は初めて一人暮らしをした頃。

1Kのアパートに一人で住み始めて間もない頃、冷蔵庫の上のトースターの上あたりでパキンと木を割るような音が毎日し始める。

木造のボロアパートなので建物の柱が裂けるよくある音だろうと気にも留めてなかった。

ある晩うつぶせで寝ていたら猛烈な恐怖に捕われて「やばい！　くる！」と思った瞬間に背中にどーんと男（らしき）がかぶさってきた。耳元で荒くふうふう息をしている。

その重みと息づかいのリアルさに本物の侵入者と思い込み「襲われる！」と覚悟を決めた途端にスッと消えた。

それ以来トースターの上のパキンという音もしなくなった。

寝ていたのでもしかしたら夢だったのかもしれないが、耳元の呼吸はすごく覚えている。

2つ目は地方に住んで間もない頃。

住み始めたばかりだったのでその土地が物珍しく、朝の散歩にでかけた。徒歩で数分のところに日本の城を模した大きなパチンコ屋の廃墟が見えた。面白そうなのでその敷地に入り込み、大きな城を前にした途端、わけのわからない恐怖が襲ってきた。

「うわ、うわ、怖い怖い」と言いながら思いっきり走って逃げ帰った。あそこには二度と行くまいと心に誓った。

2〜3日後、そのお城のパチンコ屋廃墟の二階で、女子中学生の死体が発見された。

地元の中学生カップルが痴話げんかの末、女子学生の首を絞めて殺害したという事件だった。

3つ目はこれまた地方に住んでいてしばらく経った頃。

自宅の前の家の小さな車庫が怖かった。

前の家の母屋は、階段で降りて行く一段下がった土地にあり、車庫だけが上の我が家の目の前の通りに面していて車庫の下は倉庫になっているらしい。

車庫も子供の自転車が置いてあるなんのへんてつもない小さな車庫だ。奥さんも旦那さんもとても穏やかな人で小さな女の子ふたりの普通のご家庭だ。

それなのに、その車庫が異様に怖かった。真っ昼間の明るい時間帯でも車庫の前をまともに通ることができず、なるべく道の端を通り、子供の手をしっかり握って車庫の前だけ走り抜けていた。

そんなある日、裏のおばあさんが（昔話っぽくなってきたぞ）回覧板を持ってきてくれたときにヒソヒソ声で話し始めた。

「前の奥さんはよ、おとなしそうに見えるけどなかなかのもんでよ。姑さんと毎日毎日大げんかしとってよ、姑さんは泣きながらわしに嫁さんの愚痴をこぼしてたけどよ。畑の向こうまであの奥さんの怒鳴り声が響いてたんやに。毎日嫁に大声で怒鳴りつけられてとうとうおかしくなって、姑さん、車庫の下の倉庫で首吊って死んでしまったんやに。可哀想によ」

それを聞いて私は「そうかそれであの車庫が怖かったんだ！」と心の靄が晴れ、小さな車庫は怖くなくなった。

4つ目はよんすけがしんだ時。

よんすけとは私が飼っていたオス猫なのだが、東日本大震災の年に、心臓発作で突然死した。

まだ温かいよんすけを膝に乗せて泣き叫んでおかしくなりそうな中、霊感のある友人が飛んできてくれた。

泣き疲れてしばらくした頃、膝に乗せていた動かないはずのよんすけがわずかにカクンと動いたのが足の感覚でわかった。

私は「あ、よんすけが体から離れた」と思ってまた泣き出した瞬間に、目の前に座ってた友人が「本当にいっちゃったね」と呟いた。

視覚では絶対わからないわずかな動きだったし、死後硬直もまだ起きてはいなかった。

これらは全て実際に見た訳でも何かが起きたわけでもなく感覚的なものなので怪談ともとてもいえないのだが、自分としてはちょっと怖いとか不思議な体験だった。

ちなみに私は死後、生身の肉体から解放されたのち、宇宙に向って『グリーン・ランタン』のように飛んでいく予定なのだが、皆さんはどのような予定をたてられているだろうか。

石黒亜矢子（絵描き）

「おわかりいただけただろうか…」

絵：石黒亜矢子（p314、315）

ほぼ日文庫

既刊本のお知らせ

ボールのようなことば。
糸井重里

定価：本体740円（税別）
ISBN：978-4-902516-77-7

糸井重里が書いた5年分の原稿から、こころに残ることばを1冊に。長く、たくさんの人に読まれています。２０１２年発売。

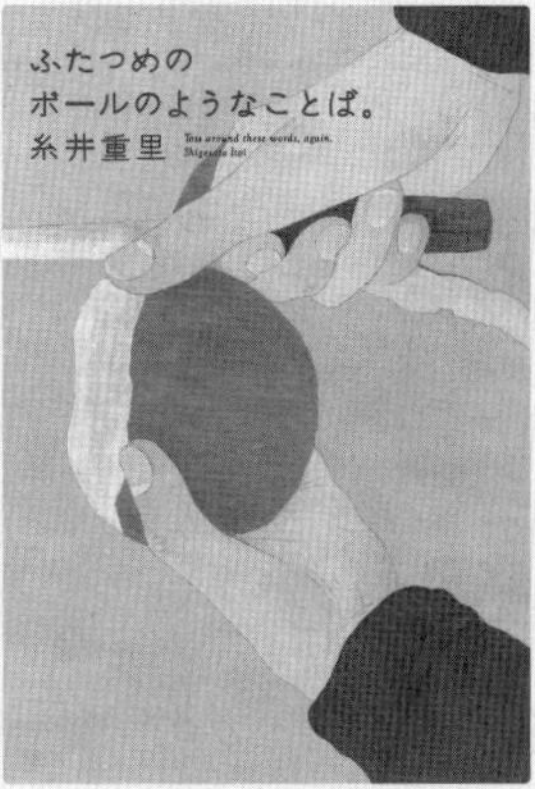

ふたつめの
ボールのようなことば。
糸井重里

定価：本体740円（税別）
ISBN：978-4-86501-182-1

年齢や性別を超えて誰もが読める手軽さと、何度も読める味わい深さが両立した、「ベスト・オブ・糸井重里」の第2弾。

2015年発売。

ほぼ日の怪談。

二〇一八年八月七日　初版発行
二〇二〇年七月一日　第三刷発行

著者　ほぼ日刊イトイ新聞

株式会社ほぼ日
〒107-0061 東京都港区北青山2-9-5
スタジアムプレイス青山9階
ほぼ日刊イトイ新聞　http://www.1101.com/

編集　斉藤里香
進行　茂木直子
協力　木内祐子　草生亜紀子　倉持奈々　永田泰大　中原真理子
挿画　ヒグチユウコ
本文デザイン　清水　肇［prigraphics］
印刷・製本　凸版印刷株式会社